世界はさ、美しい青で出来てるって思うんだ。

CONTENTS

Introduction

由紀さおり　初主演映画。岐阜県を舞台に、
実在のバラ育種家をモデルにした感動作。

栽培不可能とされる〝青いバラ〟を生み出した実在のバラ育種家をモデルに、いくつになっても夢を諦めない姿を描く地方創生ムービー2・0プロジェクトの第三弾。監督は『アンフェア』シリーズで脚本を手がけ、本作が映画監督3本目となる秦建日子。主演を演じるのは『夜明けのスキャット』でデビューして2019年に芸能生活50年を迎えた由紀さおり。そしてBOYS AND MENのメンバーの小林豊と本田剛文、『無頼』など話題作に出演が続く柳ゆり菜のほか、『母さんがどんなに僕を嫌いでも』などのおかやまはじめ、『決算！忠臣蔵』などの寺脇康文らが共演する。

Story

鷺坂冬子（由紀さおり）は、誰にも作れないと言われた世界初の青いバラ"ブルーヘブン"の生みの親として有名な園芸家。63歳になった冬子は、孫や家族に囲まれて普通のおばあちゃんとして幸せに暮らしていた。ところが、冬子には家族に言えない秘密があった。

がんが再発し、余命半年の"ステージ４"と診断されていたのだ。主治医の川越（大和田獏）から"治療に専念して余命を延ばそう。まだまだやり残したことがあるだろう！"と叱咤激励された冬子は、"やり残したこと"を思い出す。それは、ハンググライダーで空を飛ぶこと。病気のことは家族に内緒にしたまま、冬子は二人の孫・蒼太（小林豊）と正樹（本田剛文）、さらにその友人で自動車修理工の夏芽（柳ゆり菜）を巻き込み、不可能と言われた夢にチャレンジしていく……。

Blueheaven

「岐阜県でも、映画を作れないかしら」

映画『ブルーヘブンを君に』は、ある女性の「生まれ育った故郷に何かできないだろうか」という想いが誕生のきっかけになりました。過疎化や少子高齢化など、年々地元の問題が深刻化していた時、"地方創生ムービー"という企画を耳にします。文字通り、映画で地方創生をしよう、地元を盛り上げようというプロジェクト。三重県のプロジェクトに参加した方に「岐阜県でも、映画を作れないかしら」と相談をしてみました。

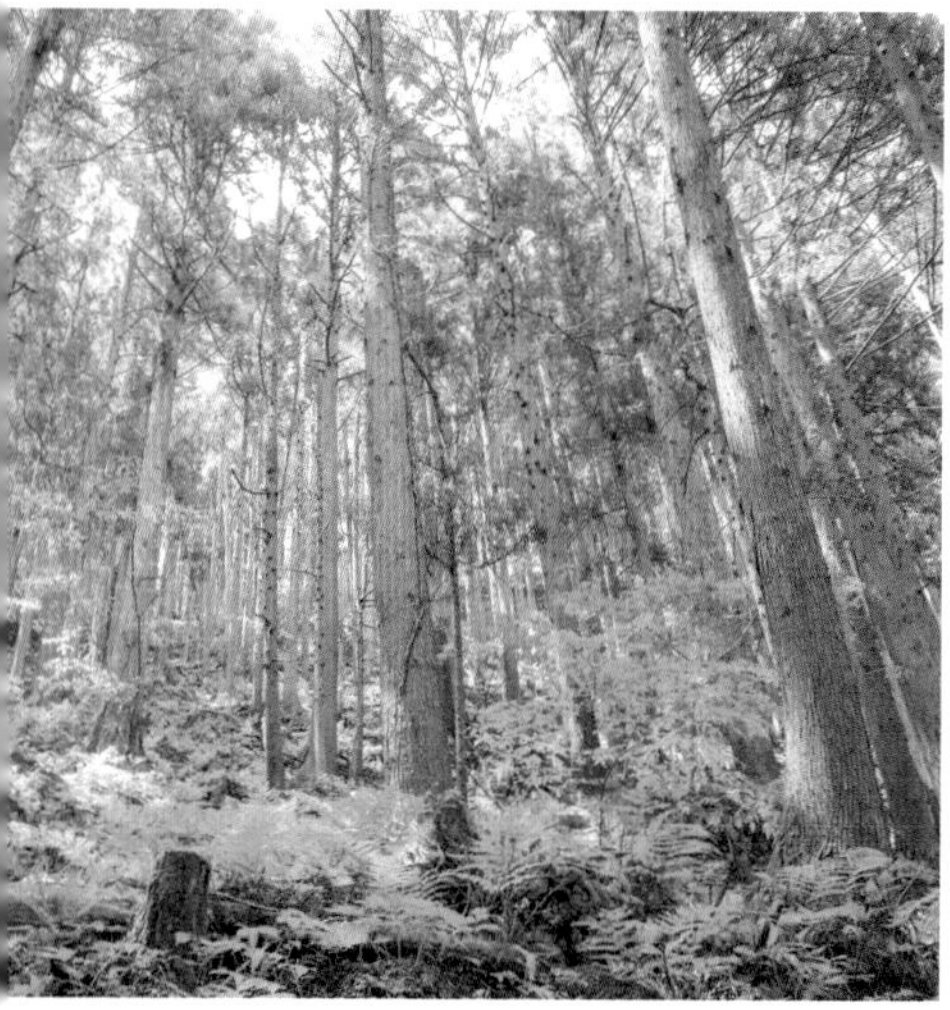

故郷の素晴らしい景色と、
おいしい料理、
温かな人の心を
たくさんの人に見てもらえたら
どんなに素晴らしいか。

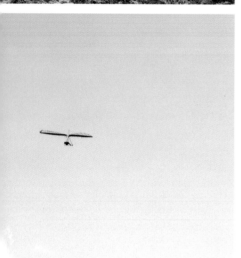

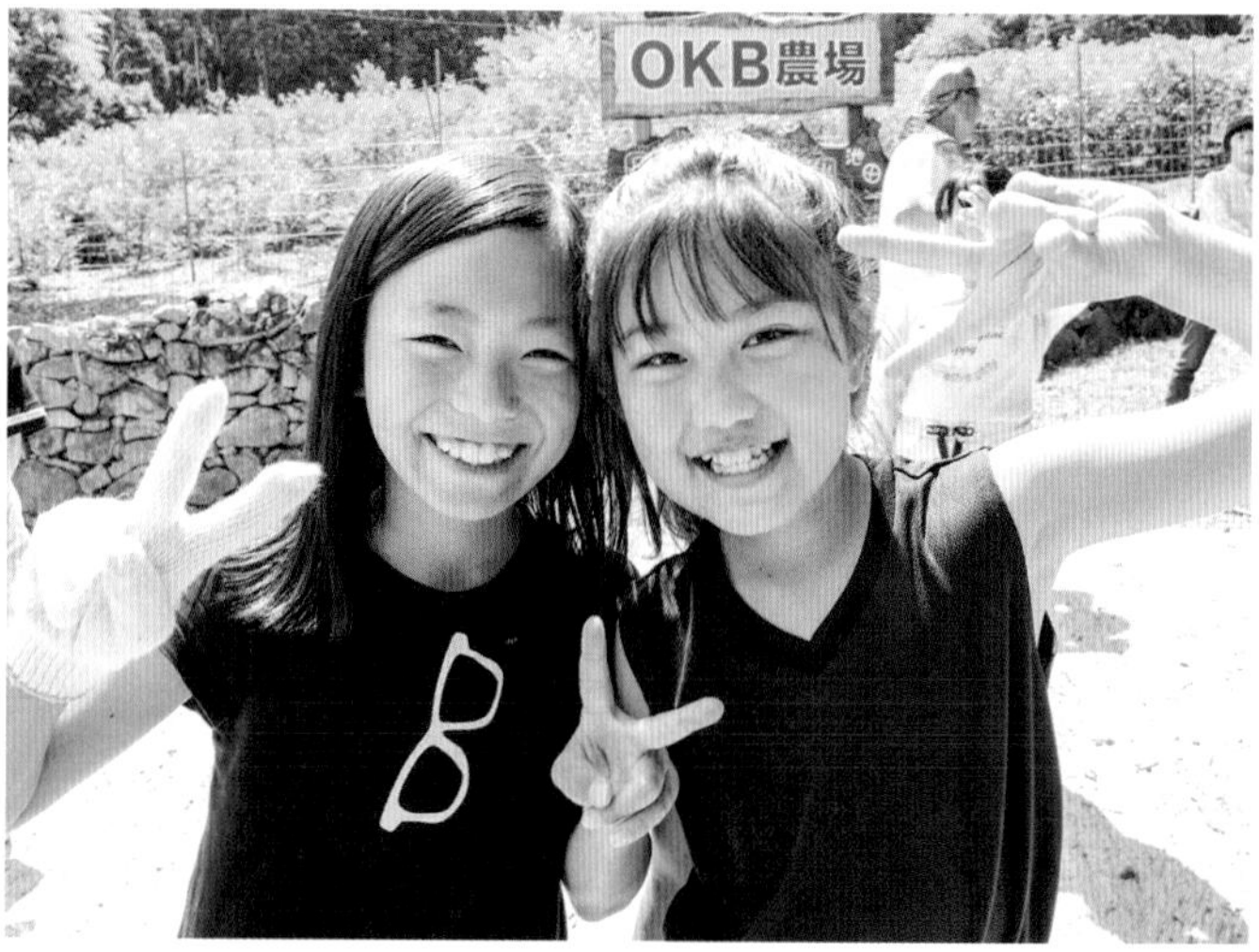

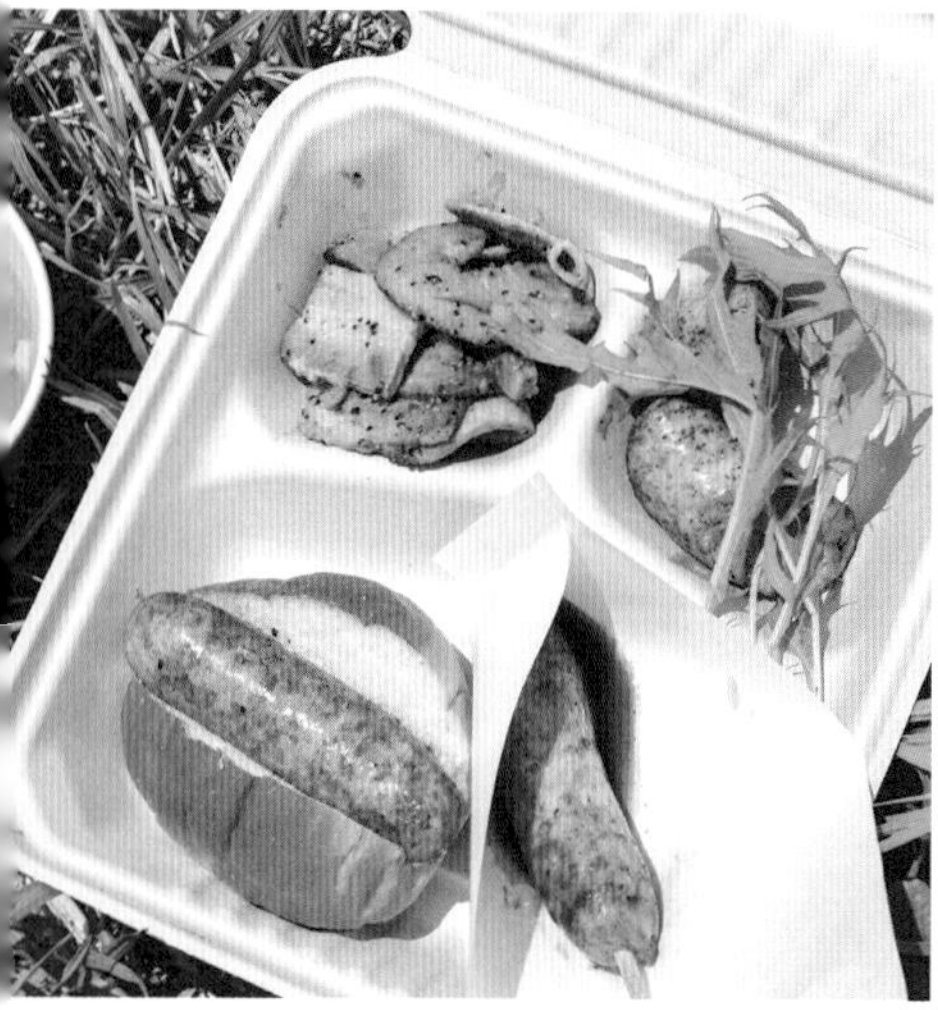

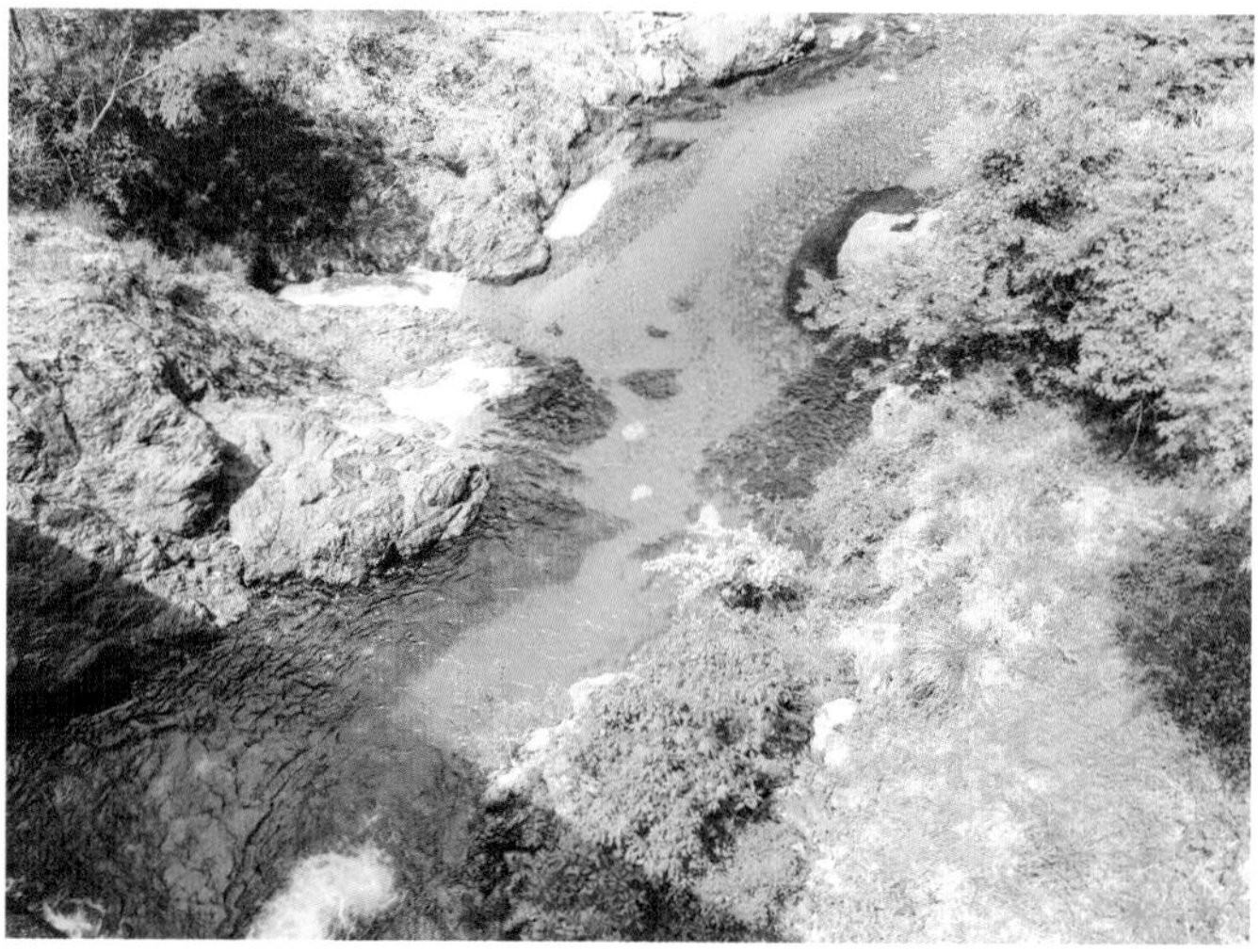

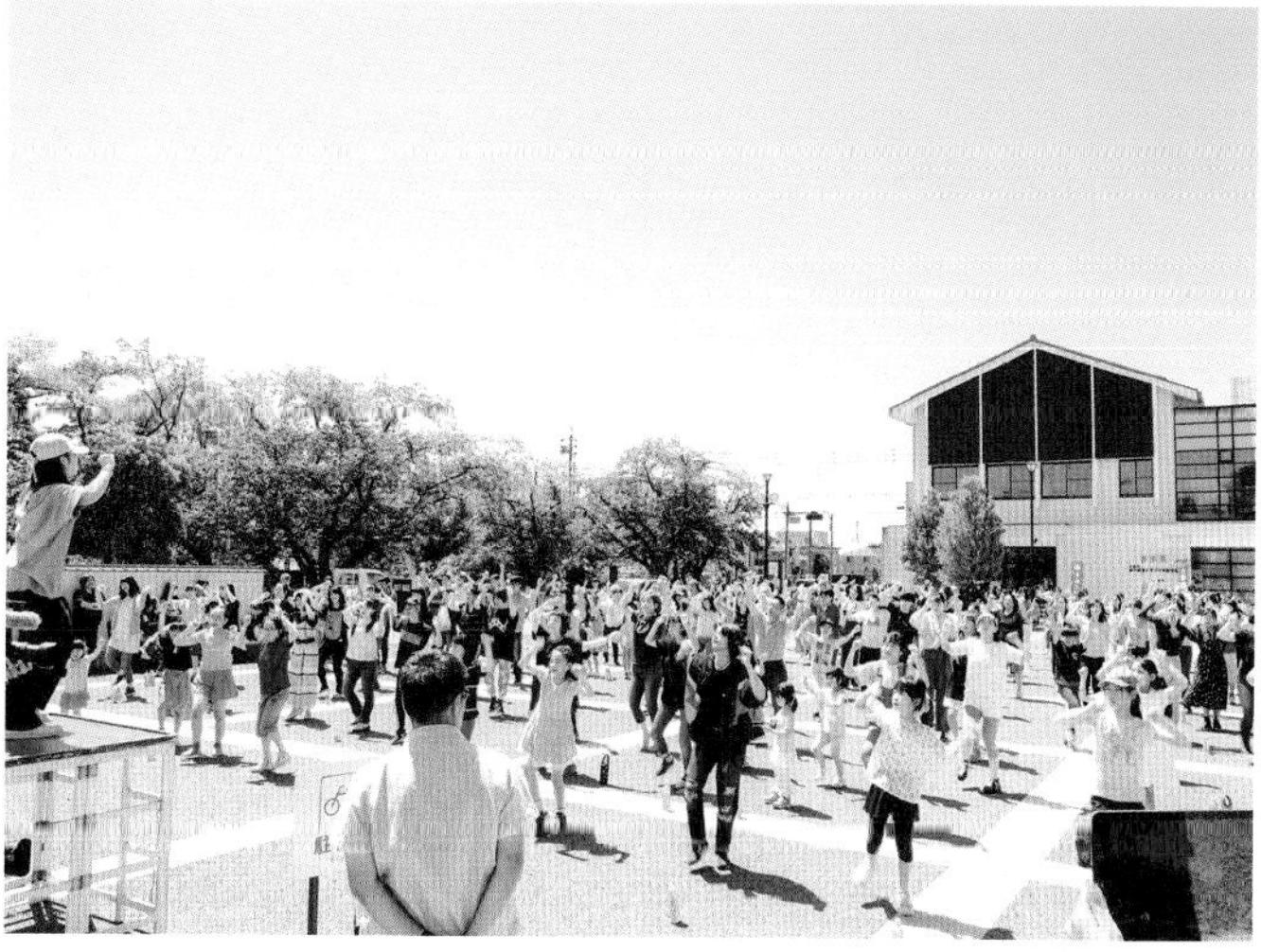
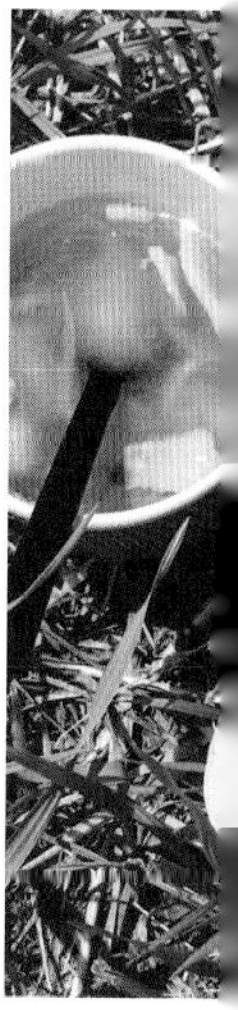

どこまでも見渡せる青い空、早朝の美しい茶畑や透き通る美しい清流。私たちの故郷の素晴らしい景色を、大きなスクリーンでたくさんの人に見てもらえたら。おいしい料理と名産品をたくさんの人に知ってもらうきっかけになったら。そして、地元の人の温かな心を詰め込んだ映画を自分たちで作れたらどんなに素晴らしいか。そんな想いで秦建日子監督へ相談してから、物語を作るための取材の案内まで、3年間の準備を重ねてようやく岐阜県の地方創生ムービーの撮影が始まりました。「人生の時間のほとんどを岐阜県で過ごしてきたので、故郷を愛する心は誰にも負けないつもりです」。岐阜県で生まれ育った女性の「故郷をなんとかしたい」という想いからこの映画は誕生したのです。

夢を諦めない冬子の人生は

ブルーヘブンを生み出した河本バラ園の

河本純子さんをモデルにしています

根を育て、花を創る

河本バラ園

1960年から、岐阜県大野町でバラ苗の生産を行なっている河本バラ園。大野町の風土は、苗の生産に最適な水・気候・土壌の3つの条件が揃っていて、タネからバラの台木を作り、接ぎ木をして、日本の気候・環境に合ったバラ苗を生産・販売しています。作中に登場する「ブルー・ヘブン」をはじめ、オリジナルの品種を作出している河本純子さんのバラは透明感のあるひらひらとした花びらや、優しい色合いの雰囲気の良いものなど多岐に渡ります。日本では珍しい女性育種家ならではの他にはない新しいバラに出会うことができます。

この美しい町と、温かな人たちと、雄大な景色の中で暮らす。

「幸せに然るべき生き方ってどういう生き方なんだろう」と考えてもらえるきっかけになれば嬉しいです。

監督　秦 建日子

——最初に岐阜を訪れたときの印象をお伺いしたいです。実際にハンググライダーを体験されて、空から見た岐阜はどうでしたか？

秦　『この雄大な自然を大きなスクリーンで見たら素晴らしいだろうな』という印象でした。雄大な景色といっても、人間を寄せ付けない荒々しい大自然というわけではなくて、人の営みと歴史を感じる温かみのある雄大さですよね。大きな河川が三つもあって、遥か向こうまで景色が抜けていて、美しい山々が見える。他では撮れない岐阜ならではの景観の素晴らしさだと思います。とにかく「空」と「川」の青色の印象が強くて、「ブルーヘブン」という仮タイトルを思いつきました。

——青いバラ「ブルーヘブン」を知ったのは仮タイトルをつけた後ですか？

秦　そうですね。映画を作る上でもう一つ、岐阜ならではの青いものがあるといいなと思っていました。岐阜をロケハンしているときに映画部の部長である河本悦子さんから「『ブルーヘブン』という世界で初めての青いバラがありますが、映画のタイトルとしてそのままつけても大丈夫ですか？」と聞かれて、「え！それは岐阜ですか？」と尋ねると悦子さんのご親戚だというので、見に行かせてほしいとお願いをしました。

——てっきり青いバラを中心に始まった地方創生ムービーだと思っていました。

秦　普通の順番とは逆なんですよね。最後に青いバラと出合ってから、『初恋の相手に向けて自分が開発した青いバラを見せるために空を飛ぶ』というストーリーを再構築しました。それから河本バラ園の純子さんとは何度もお会いしてお話しています。純子さんはバラのお話をすると止まらなくなる方で、世界で初めて青いバラを作った人はここまで愛と情熱を注ぐのかと勉強をさせてもらいましたね。

——映画部部長の河本悦子さんの存在はとても大きかったのですね。

秦　彼女がいなければ、間違いなくこの映画は作れませんでした。悦子さんは、この映画のために時間も労力も惜しまず費やしてくださって、純粋に「生まれ育った故郷のためにできることをやりたい」と動かれている。本当にピュアなんですよね。だから悦子さんをはじめ、真っ直ぐな気持ちの地元の方たちが喜んでくれる映画を本当に作れているかということは、折に触れて考えました。損得感情で動いていない生粋の地元の方が映画の中心になってくださって、本当に幸運なことだと思ってます。「地方創生」という言葉がビジネスのための便利な言葉になっていくことは恐ろしいことですから。

——秦監督が思う地方創生とは、どのようなものですか？

秦　一極集中で若い人たちが地方から東京へ出てくるけれど、「全員にとって、東京のライフスタイルってかっこいいんだろうか」と問いかけたい気持ちで今回の地方創生ムービーを作りました。人間は幸せになるために生きるべきで、「じゃあ、幸せって何？」「その幸せに然るべき生き方っていうのはどういう生き方なんだろう？」と思っていただくきっかけになれば嬉しいです。岐阜の温かな時間の流れが若い人たちの心に届いて、「こういう人たちと、こういう景色の中で暮らす方が豊かじゃないのかな」と感じる若者もきっといると思います。

——秦監督はご出身が東京ですが、どんなときに地方の魅力を感じますか？

秦　岐阜で映画を撮っていても、地元を盛り上げるためにみんなで助け合うわけですよ。「ロケ地で困っているのであれば、私の家を貸そうか」「私たちが何日間か協力すればいいわけだから」って。奪い合えば足りなくなるけど、分け合えば余るって本当なんだな、と感じました。岐阜で悪い人に出会ったことがないですし、岐阜にいるときほど豊かさや人の優しさを感じたことがないです。

——登場人物の〝蒼太〟には、監督がおっしゃる豊かさを感じますよね。とにかく、おばあちゃんのために一所懸命で。

秦　そうですよね。「正社員にならなければ、大企業に勤めなければ」という物差しで考えると、ただの落ちこぼれなんですけど、じゃあ彼がダメな子で、不幸せかというと、そうではないよねと思います。

——〝蒼太〟を演じる小林さんと、弟役である本田さんの印象はいかがでしたか？

秦　小林くんは、固定概念にとらわれない思考が自由な子でした。けっして器用ではないけれど、自分の感覚に正直で。自分に嘘がないということは非常に素敵なことだと思います。逆に本田くんは非常に視野が広い、自分の求められているポジションを先を読んで理解しているタイプで。小林くんの動きを見てから動いてくれて、監督としては非常に助かる頭の良い役者でした。

——主演の由紀さおりさんとはご一緒されていかがでしたか？

秦　自分が物心ついたときには第一線で活躍されていた方なので、とても緊張しました。映画を観た方が元気になって明日への希望を持っていただくためには、どうしても由紀さおりさんに主演をお願いをしたいとお声がけをさせていただいて、正式にお返事をいただいたときは歓喜したことを覚えています。実際に現場に入った後も、リクエストを快く聞いていただいて。その上で必ずご自身のアイデアを付け加えて、由紀さんのカラーにして返してくださる。引き出しの多さと懐の深さを感じました。何より、監督としてほとんど新人の僕に、ご自身の芸能生活50周年と映画初主演を託してくれたことに感動しました。プロフェッショナルである女優さんとご一緒できたことを幸せに思います。

——最も印象深いシーンを教えてください。

秦　印象に残っているシーンはたくさんありますが、山頂から冬子さんが青いバラと共に離陸しようとしているときに、麓で大人たちが喧嘩をしているシーンが好きでした。一人のおばあちゃんのために、これだけ大勢の人間が本気でぶつかり合っている。寺脇さんとおかやまさんの喧嘩を大和田さんが締めて。素晴らしい役者が集まってくれたなと感じた瞬間でした。

——地元の方の協力体制も素晴らしかったですね。

秦　バックアップがすごかったです。早朝から手作りの朝ごはんを作ってくださり、お昼ご飯は炊き出しをしてくださり……。冷めたお弁当と、その場で地元の人が作ってくれる炊き出しでは、現場の雰囲気が全然違います。キャストやスタッフも炊き出しなどで地元の人と交流できる場を通じて、岐阜のファンになってくれる側面もきっとあるはずで。何かのときに「昔、『ブルーヘブンを君に』っていう作品で、岐阜で一カ月ぐらいロケをしたんだけど、岐阜は良かったな」って本心から言ってくれることがあったらいいなと思います。そういう地道な積み重ねが、長い日で見ると町の魅力や活性化に繋がっていくはずです。炊き出し以外にも、撮影が早く終わったら、キャストとスタッフを地元の温泉に連れていってくださったり、新鮮な地元のフルーツを差し入れしてくださったり、本当に恵まれた環境で撮影をさせていただきました。地元のみなさんの熱に背中を押していただいて非常にエネルギッシュに最後まで撮影が進められたなと思っています。

——現場の雰囲気はいかがでしたか？

秦　全員で積極的にアイデアを出し合って作る現場が好きなので、「思いついたことがあったら、まず恐れず言ってほしい」ということは、若い役者たちにも最初から伝えていました。特に柳さんが積極的に自分のアイデアを言ってくれたので、活気づいてポジティブな議論をしやすい現場になったと思っています。監督として携わる映画が三本目ということもあって、スタッフの中では自分が一番新人に近いという感覚で、もちろんしんどいこともたくさんあるんですが、今まで一番「監督業も楽しいな」と思った現場でした（笑）。迷ったときに素直に周りのスタッフに相談することで、みんなが僕を支えてくれた気がします。「このキャストとスタッフだったら、あと二カ月撮影をしていてもいいよね」とスタッフも言ってくれて、僕自身もそう思いました。

——最後に映画を見てくださる皆様へコメントをお願いします

秦　この映画で岐阜の魅力を全て語れるとは到底思っていません。映画がきっかけになって第二、第三と企画が生まれて、活性化に繋がってくれたらいいなと思っています。岐阜に住んでいる方々は僕にとってみれば岐阜の先生なので、「秦くんもっとこうすればよかったのに」とか「次のチャンスがあったら、こういうのもどうかな」とアドバイスを僕にいっぱい送っていただけたら嬉しいなと思います。岐阜県外の方は、とにかく一度足を運んでみてほしいです。岐阜の大空の下で深呼吸をして、揖斐川で獲れる鮎を食べて飛騨牛を食べて、清流に育まれたおいしい地酒を飲んでいただき、ぜひ愛すべき人へのお土産としてバラを買って帰ってください。

秦組
ブルーヘブンを君に
令和元年5月15日

ばあちゃんが突然、
「空を飛びたい」と言い出した。
それも、ひとりで！
しかも、ばあちゃんは、実は重い病気にかかっていて、
それを家族に隠していた！

ばあちゃん子で育った孫の蒼太と正樹の兄弟は、
なんとかばあちゃんの願いを叶えたいと奔走するのだが、
次々と大きな問題が起きてきて……

かつては「不可能」という花言葉だった青いバラ。
遠い昔、ばあちゃんの初恋を無残にも散らしてしまった岐阜の青空。

そして、ばあちゃんとその家族をじっと見守り続ける揖斐川の清流。
雄大な岐阜の空と大地を舞台に、
切なくも美しい、新たな愛の物語が紡がれます。

ブルーヘブンを君に

CAST

［ 青いバラ「ブルーヘブン」の生みの親 ］

鷺坂 冬子
（由紀 さおり）

ゆき・さおり／群馬県桐生市出身。1969年『夜明けのスキャット』でデビューし、爆発的に大ヒット。2019年3月に芸能生活50周年を迎えた。映画『家族ゲーム』では助演女優賞を受賞している。

［ 冬子の主治医 ］

川越 恵一
（大和田 獏）

おおわだ・ばく／1950年生まれ。福井県敦賀市出身。主な出演作品に映画『あいあい傘』、『グッバイエレジー』などがある。

鷺 坂 家

［ 蒼太と正樹の父。冬子の養子 ］

鷺坂 武史
（おかやま はじめ）

おかやま・はじめ／1964年生まれ。宮城県出身。主な出演作品に映画『長いお別れ』、『母さんがどんなに僕を嫌いでも』などがある。

［ 蒼太と正樹の母。武史とは離婚している ］

恩田 千秋
（岩橋 道子）

いわはし・みちこ／1968年生まれ。愛知県名古屋市出身。主な出演作品に映画『シン・ゴジラ』、『泣き虫ピエロの結婚式』などがある。

［ ??? ］

老紳士
（寺泉 憲）

てらいずみ・けん／1947年生まれ。神奈川県出身。主な出演作品に映画『電車男』、『僕の彼女はサイボーグ』などがある。

［ 冬子の初恋の人 ］

鷹野 蒼太
（中田 圭祐）

なかた・けいすけ／1995年生まれ。神奈川県出身。主な出演作品に映画『シグナル100』、『あの頃、君を追いかけた』などがある。

若き日の冬子
（小池 里奈）

こいけ・りな／1993年生まれ。栃木県出身。ドラマ「美少女戦士セーラームーン」でデビュー、主な出演作品に「仮面ライダーキバ」、「ウルトラマンギンガS」などがある。

[スカイスポーツのインストラクター]

佐藤 義樹

(松嶋 亮太)

まつしま・りょうた/1978年生まれ。東京都出身。主な出演作品に映画『きみはいい子』、『黒い乙女Q』などがある。

[冬子の孫]

鷺坂 蒼太

(小林 豊)

こばやし・ゆたか/1989年生まれ。滋賀県栗東市出身。BOYS AND MENのメンバー。主な出演作品に映画『明治東京恋伽』、『海すずめ』などがある。

[夏芽の父。テキ屋のリーダー]

鈴木 一郎

(寺脇 康文)

てらわき・やすふみ/1962年生まれ。大阪府出身。主な出演作品に映画『空飛ぶタイヤ』、『決算!忠臣蔵』などがある。

鈴木組

[自動車修理工]

鈴木 夏芽

(柳 ゆり菜)

やなぎ・ゆりな/1994年生まれ。大阪府出身。主な出演作品に映画『無頼』、『純平、考え直せ』、『ここは退屈迎えに来て』などがある。

[鈴木一郎の部下]

星野 博光

(鈴木 信二)

すずき・しんじ/1981年生まれ。主な出演作品に映画『キングダム』などがある。

[蒼太の弟。自動車メーカーの営業マン]

恩田 正樹

(本田 剛文)

ほんだ・たかふみ/1992年生まれ。愛知県名古屋市出身。BOYS AND MENのメンバー。主な出演作品に映画『燐寸少女』、ドラマ『トクサツガガガ』などがある。

[鈴木一郎の部下]

落合 仙一

(関口 アナン)

せきぐち・あなん/1988年生まれ。主な出演作品に映画『渋谷シャドウ』などがある。

INTERVIEW

由紀さおり

鷺坂冬子役

――撮影を振り返っていかがでしたか?

私の知らなかった岐阜が作品の中に散りばめられているので、それをみなさんにお伝えできたらいいなという思いが強いですね。岐阜にはコンサートで訪れることも多いですが、映画の撮影という形でなければ、揖斐川や長良川の河川敷まで下りたり、池田山から見渡す岐阜の景色を見ることもなかったと思います。雨が降った次の日の撮影は、空がすごく鮮やかできれいなんですよね。高い建物が邪魔をしないので空を広く感じられて、さざなみのような川の流れの音が心地良く、晴れ晴れとした気持ちにさせてくれます。この自然に包まれた、ゆったりと時間が流れる岐阜の空気感をお伝えしたいという思いです。

――「冬子」はどのように演じられましたか?

役を作るのではなく新しい私を楽しみながら、普段の私からかけ離れないようにしたいと思って演じました。実年齢に非常に近い役をやらせていただきましたが、バラ園で作業をしたりハンググライダーの疑似体験をしたり、初めてのことがたくさんありましたから新鮮な気持ちで。病をもった女性であることは意識をして演じながら、私だから演じられる冬子を演じきったつもりです。私もドレスを脱げば普通の人間です。この映画を観て、ドレスを着ているときよりも素に近い私を観ていただけたら嬉しいです。お茶目な部分もたくさんありますので(笑)。

――ブルーヘブンの生みの親であり冬子のモデルとなっている河本さんと、撮影の合間もお話されている姿が印象的でした。

河本さんとお話する度に、「本当にバラ作りがお好きな方なんだな」と感じられました。撮影前に一度ご挨拶をしてから、クランクインの日までにたくさんのお花を咲かせて待っていてくださっていて、そのバラ園が非常に素晴らしくて圧倒されました。意欲とパワーをいただきましたね。劇中でも河本さんがブルーヘブンを生み出すまでにご苦労された部分を演じていますが、一途にあきらめないで、求め続けたものをやり遂げられた方とご縁をいただけたことは、すごく嬉しいです。

――孫役の小林さん、本田さんとはご共演されていかがでしたか？

お二人が東海地方を中心に活動していらっしゃると聞いてテレビで拝見しました。小林さんはすごくムードメーカーで、日頃からグループ内でもそういう役割なのだろうなと感じさせられました。とてもハツラツと楽しく仕事をしてくれていますし、雰囲気をパッと明るくして私までウキウキさせてくれる、そんな空気を作ってくれていました。本田さんはとても自然体でみんなの輪の中に参加していたように思います。それでいてしっかりと周りを見ていて、お二人のバランスがすごくよかったように思いました。お二人のおかげで毎日がすごく楽しい撮影でした。

――最後に、映画を観てくださったみなさんにメッセージをお願いします。

今回の映画は、地域のみなさんからたくさんのご協力をいただいてできあがりました。シリアスなテーマにとらわれない優しくて、カラフルで、チャーミングな映画だと思います。われわれの世代の方にも「とどまっちゃだめよ。私でも空を飛んだわよ」というエネルギーと決意みたいなものを促すことができたら嬉しく思います。そして、とにかく地域の方々のいきいきとした姿を見ていただきたいです。「岐阜の観光をしたいわ」と思ってくださってもいいし、「河本さんのバラを見たいわ」と思ってくださってもいい。ぜひ、岐阜の西濃エリアのいいところをたくさん観てください。

鷺坂 蒼太 役

小林 豊

——まず、撮影を終えて感想をお願いします。

小林　11日間あっという間でした。とにかく岐阜の方々がサポートしてくださったことがとても大きかったです。参加してくださった地元のエキストラさんも一人一人が楽しんでくれてるのが伝わってきて、僕の方がパワーをもらいましたね。みなさんが温かい気持ちで迎えてくださるので、早朝からの撮影も全く苦ではなかったです。炊き出しもおいしくて、地元のみなさんのおかげで、楽しみが毎日訪れる撮影の日々でした。

——蒼太という役を、演じられてどうしてたか？

小林　今回演じさせていただいた蒼太は、どこにでもいる普通の青年を演じたいなと思っていました。最初に台本を読んだときの感覚だと、もうちょっとクールな印象でしたけど、演じていくうちに、おばあちゃんっ子で家族想いのすごく明るいキャラクターになりましたね。監督には『明るい小林くんだからできる役に成長したね』というお言葉をいただいて嬉しかったです。自分でも想像してなかった役になったのはスタッフ・キャストのみなさんと一緒に蒼太を作り上げることができたからだと思います。

——主演の由紀さおりさんとの共演はいかがでしたか？

小林　由紀さんからは、吸収させていただいたことがたくさんありました。与えられた役への愛情の込め方を見ていると、『もっと僕も蒼太と向き合わなければ』と思うことが多かったです。現場を引っ張っていただいたというよりも、由紀さんの優しい雰囲気でポンっと背中を押していただいたような感覚でした。僕の蒼太のお芝居に対して、カットがかかった後に『すごく嬉しかったわ』って、冬子さんとして由紀さんから感想をいただいたことがあって。自分なりに考えた演技を褒めていただけたっていうのはすごく嬉しかったです。

——岐阜のロケ地で印象に強く残っているものを教えてください。

小林　河本バラ園の純子さんとお話させてもらえたことですね。ブルーヘブンをどういう思いで作ったのか、台本の背景のお話を聞かせてもらったのですが、とにかくバラに対する愛情がすごくて。純子さんのバラに対する愛情の大きさがこうして一つのストーリーになったことはとても素晴らしいことだなと思いました。バラのことを少しでも知れて良かったと思っています。

——脚本も書かれている秦監督との現場はいかがでしたか？

小林　地元の方、そして映画を観てくださる方を「楽しませたい」という気持ちが秦監督からビシビシ伝わってきてましたね。なので、秦監督がおっしゃったことを演じきった先には、たくさんの方が笑顔になるんだろうな、と思ってワクワクしながら演じている自分がいました。現場で意見を交わして昇華し合っていく中で、良いものを作り上げることができたと思います。

——最後に、映画をご覧になるみなさんへ一言お願いします。

小林　この映画は日常の中にある、温かい部分を切り取って描いた作品です。映画を観ていただいた方に、「優しい気持ちになれた」と思っていただけたら嬉しいです。そして岐阜のみなさんに撮影にご協力していただいてできあがった映画ですので、岐阜の美しい風景と一緒に『ブルーヘブンを君に』を愛してもらえたらなと思います。

岐阜ううう〜♡

空気も、街も、景色も
全部大好きです。
また帰って来ます！

BOYS AND MEN
小林豊

恩田 正樹 役

本田 剛文

――はじめに、撮影を振り返っての感想をお願いします。

本田　チームワークが良かったので、予定よりも早く撮影が終わる日が多かったです。そのおかげで岐阜のおいしいものも随分食べに行かせてもらいました。何より、こんなにも地域の方が協力してくれるというのは驚きが大きかったです。みなさんが優しくてすてきな方ばかりで、良い環境で撮影に臨むことができました。「幸せな思い出ばかりだな」というのが率直な感想ですね。

――今回演じられた正樹と、本田さんがリンクする部分はありましたか？

本田　女の子に対して奥手という部分に関しては、僕もそういうタイプなんで似ていましたね。作中で夏芽ちゃんに迫るシーンがあったんですけど、本当に緊張しちゃって(笑)。その緊張がリアリティになってスクリーンで映し出されていればいいなと思っています。

――由紀さんとのご共演はいかがでしたか？

本田　由紀さんが中心となってくださって、作品が着々とできあがったという感覚が強いです。僕は由紀さんの孫役ですけど意外と一緒のシーンが少なくて、それでも由紀さんの凄さを感じる部分がたくさんありました。カメラがまわっていないときも気さくに接してくださって全く飾らないすてきなお人柄でした。

――秦監督とは撮影中にどんなお話をされましたか？

本田　秦監督とご一緒するのは初めてですが、誰とでも目線を合わせてお話をしてくださる方でした。僕から演技に関して提案や相談をしたときも、言葉を選んで僕たちの意思を尊重してくださる方だったので、とても自然体で作品に臨むことができました。僕みたいな駆け出しの人間が萎縮せずに最後まで演技に集中できたのはひとえに監督のお心遣いがあったからだと思います。

——最後にこれから映画をご覧になるみなさんにメッセージをお願いします。

本田　『ブルーヘブンを君に』は派手なアクションがあるとか一緒に推理しながら見たくなるサスペンス要素があるわけではないんですけど、みなさんの人生に寄り添える映画になっていると思います。人生それぞれ良いことも悲しいこともありながら、それでも「一所懸命生きていこう」と前向きになれる作品です。僕自身もこういうお仕事なので、いつでも前向きで元気いっぱいな自分をみなさんにお見せしようと思いつつも、悩むことがたくさんあります。同じように作品の中でも山あり谷ありな部分があるので、是非みなさんも「辛いことがあったな」というときに何度でも観ていただきたいです。DVDをそっとみなさんのお手元に置き続けていただけると大変嬉しいなと思ってます。そして岐阜のみなさんにたくさん協力していただいた作品です。岐阜の温かさも作品を通して感じていただければ嬉しいなと思います。楽しんで観てください。

「ブルーヘブンを君に」
心があたたかくなる、
素敵な作品です。
岐阜の皆さんのおかげで、
さらに素敵さが増しました!!

BOYS AND MEN
本田剛文

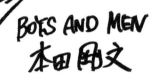

鈴木 夏芽 役

柳 ゆり菜

――岐阜でのオールロケはいかがでしたか？

柳　２週間近く岐阜で過ごすことは初めてで、感動することが多かったです。岐阜に到着してまず、「空気ってこんなにおいしかったっけ？」と思ったことを覚えています。それと、撮影初日にいただいたお蕎麦がとってもおいしくて。撮影より先においしいものを食べるところから始まって、ワクワクしました（笑）。地元の方々もとても人情が深くて、純粋に岐阜という場所が好きになりましたね。

――父親で鈴木一郎役の寺脇さんとご共演していかがでしたか？

柳　寺脇さんは衣装合わせで初めてお会いしたときからフレンドリーに接してくださって、壁をとっぱらってくださいました。夏芽は父親に厳しい言葉を使いますが、ちゃんと父親に対して愛がある女の子だと思います。寺脇さんが大きい器で私自身を受け入れてくださったおかげで、自然と夏芽の家族愛が表現できたと思っています。

――夏芽とご自身が重なるところ、反対に演じる上で難しかったところはありますか？

柳　汚れたTシャツや作業着を着て、夏芽は普通の女の子とは大事にしていることが少し違いますよね。そんな役が新鮮だった反面、私も昔は身なりを気にせず必死になってダンスの練習をしていたことを思い起こして懐かしい気持ちになることもありました。夢に向かってまっすぐ走るときの心の強さみたいなものを思い出して、昔の

自分の好きだった部分を掘り起こすことができて、夏芽でいることがすごく楽しかったです。

——主演である由紀さんとの共演はいかがでしたか？

柳　由紀さんが演じる冬子さんを見るたびに、胸がキュンとして。祖母が恋しくなって撮影期間に「会いたくなったよ」と連絡してしまいました（笑）。由紀さんも冬子さんも本当にすてきな方で、ブルーヘブンの品のある青色を連想させてくれる女性像でした。夏芽は小さい頃に亡くしたお母さんと冬子さんの姿を重ねて、夢をもらった女の子です。血は繋がっていなくても娘が母や祖母に憧れるような気持ちを冬子さんに抱いていたと思います。その気持ちは、私自身が由紀さおりさんに抱く憧れや尊敬の気持ちともリンクしていました。

——最後に映画を観てくださったみなさんへメッセージをお願いします。

柳　『ブルーヘブンを君に』を観てくださったみなさま、ありがとうございます。岐阜の魅力が詰まった美しい映画になっていると思います。前向きになってもらえるような、元気になれるストーリーなので、何度も観て愛していただけるような作品になればいいなと思います！　そして支えてくださった地域のみなさま、本当にありがとうございました。朝からおいしいおにぎりを作ってくださったり、大雨の日もケータリングを準備して撮影を待っていてくださったり、みなさんの優しさに感動することばかりでした。また岐阜に来ます！

鈴木一郎役

寺脇 康文

――撮影の現場はいかがでしたか？

寺脇　秦監督とは初めてご一緒させていただきましたが、非常にやりやすい現場をつくっていただき、気持ちよく芝居をさせていただきました。娘役の柳さんをはじめ、若い世代のみなさんと一緒に演じられて楽しかったです。

――ご自身の役について、「鈴木一郎」は寺脇さんにとってどんな人物でしたか？

寺脇　本当に楽しい役で、短い場面でも面白く演じられて、最後にグッとくるようなセリフもあって僕は大好きでした。台本を読んだ時から演じられるのを楽しみにしていましたね。

――岐阜でのオールロケを終えて、感想を教えてください。

寺脇　僕は岐阜に実家があります。岐阜が舞台の映画なので、出演者はみんな岐阜に関わりがある方だと思っていたら、自分だけで（笑）。ですから、私が岐阜を背負って出ております！（笑）この映画は、心にグッとくる場面もあって、そして元気が出るような話になっています。ぜひ、多くの方に観ていただいて、岐阜を知っていただければ嬉しいです。

岐阜の蒼を感じる撮影日記

岐阜でのオールロケに編集部が密着しました

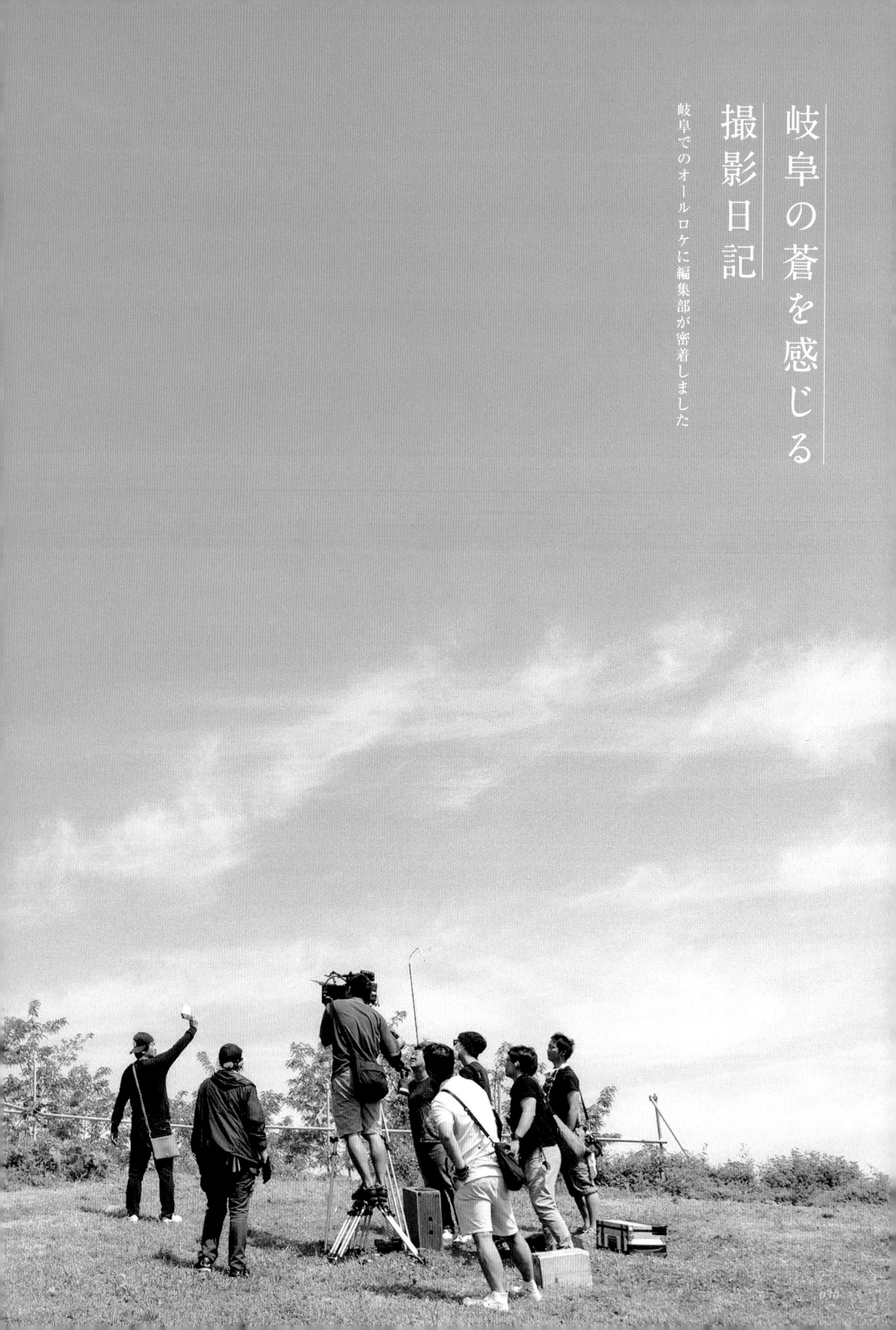

5/07

揖斐川岡島橋付近

撮影スタート!

岐阜でのオールロケが始まりました。1日目は「花の木珈琲店」で蒼太役・小林豊さんと正樹役・本田剛文さんが言い争うシーンから撮影が始まりました。小林さんは撮影の合間にデザートも♡ その後揖斐川付近での撮影にて、柳ゆり菜さんがクランクイン!「大垣城サルーン」で合コンシーンの撮影!

5/08

サン・シング東海倉庫

鈴木組、クランクイン！

撮影2日目は「サン・シング東海倉庫」にて寺脇康文さんが演じる夏芽の父が登場！鈴木組で蒼太を問い詰めるシーンはスムーズに進み、予定より1時間以上早く次の現場へ移動しました。そのおかげで、おいしい炊き出しをゆっくり味わうことができました。鈴木組が和やかにランチをしている姿も！

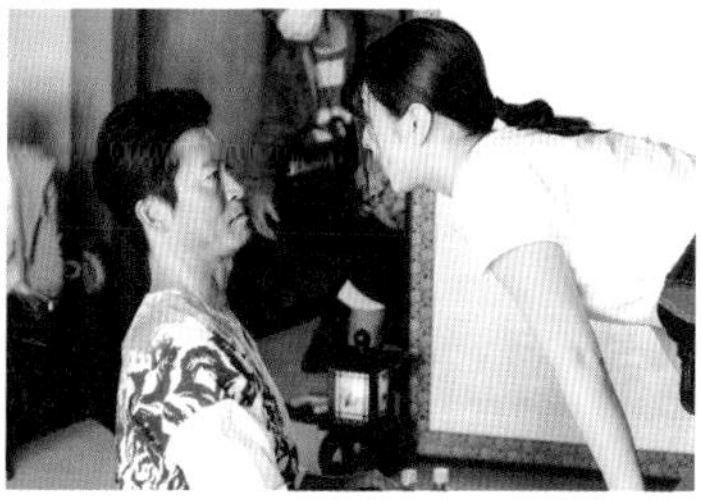

5/09

池田山SDパラ講習場

由紀さおりさん、クランクイン！

早朝は、蒼太、夏芽、正樹で冬子のために作ったハンググライダーを試験的に扱うシーン。実際に3人で急斜面を登りながら動かしますが、とても重そう……！ 体力のいる撮影でした。その後、「河本バラ園」に移動してバラ園での1回目の撮影。由紀さおりさんも加わって合同記者会見も行われました。

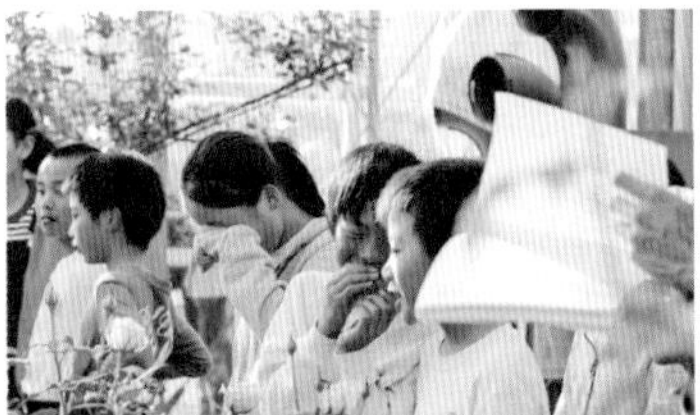

5/10

揖斐川岡島橋付近

岐阜の美しい風景を背景に2人乗り

蒼太と冬子がイタリアのオートバイメーカーのベスパに乗って、岐阜の美しい自然の中を颯爽と走り抜けるシーン。この日は揖斐川付近のみでの撮影でしたが同じシーンにて「池田山麓茶畑」の美しい風景も撮影されています。夜は、「イオンモール各務原」にて地元の方とダンスシーンを撮影！

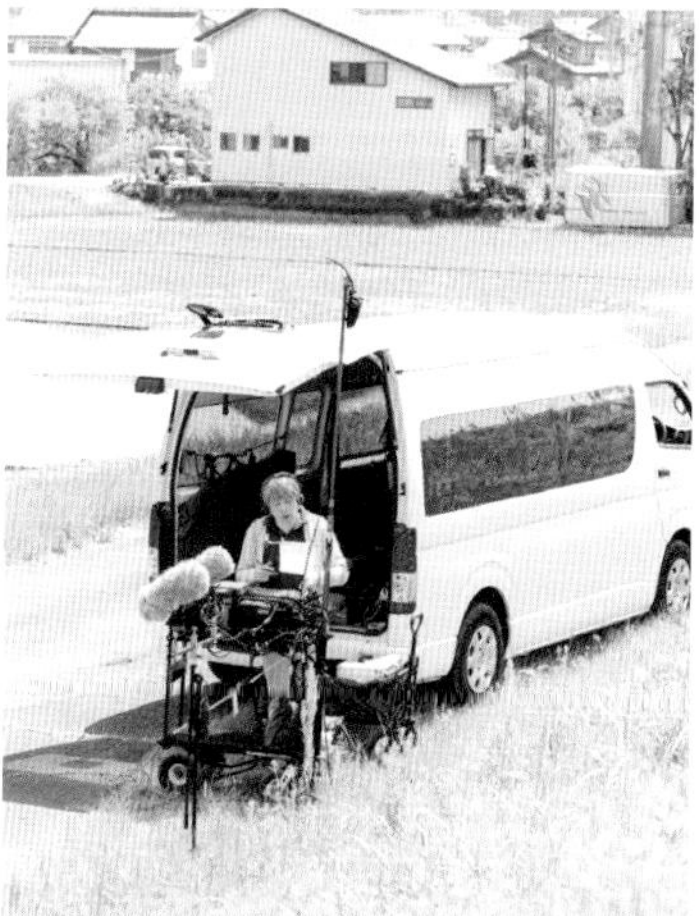

5/12

池田山SDパラ講習場

蒼太、ハンググライダーに初挑戦！

この日は特に空と山々の緑が美しく感じました。蒼太がハンググライダーを初めて体験するシーンを撮影後、「岐阜ダイハツ販売笠松BPセンター」に移動しました。蒼太がハンググライダーの修理をお願いするシーンでは柳さんが火花を散らして溶接の作業をしている姿や子どもたちの可愛らしいダンスが必見です。

5/13

岐阜清流病院

病院の屋上で川越が冬子へ想いを伝える

朝はダイハツの店舗で、正樹が社長に給料の前借りの交渉をするシーンを撮影。撮影6日目ということで現場の雰囲気も温まってきました。治療のために冬子が通う病院のシーンは「岐阜清流病院」にご協力いただきました。屋上での冬子と主治医の川越のやりとりも天気に恵まれ美しい青空の下で撮影されました。

5/14

パラ・ハンググライダー発進基地

カットを待って、撮影後は大雨！

冬子が飛び立つ直前のシーン。「パラ・ハンググライダー発進基地」での撮影でしたがこの日はあいにく、雨の予報。午前中はなんとか持ちこたえ、撮影を終えて撤収を始めるのを待っていたかのように土砂降りになり午後の撮影は後日に。作中と同じく、撮影のタイミングに合わせて、ブルーヘブンは美しく花を咲かせていました。

5/15

池田広域グラウンド

美しい青空の下、ラストシーンの撮影！

この日は1日かけて、揖斐川沿いに広がるグラウンドでラストシーンを撮影しました。前日の大雨のおかげで、晴れ晴れとした美しい青空の下での撮影となりました。休憩中に小林さんが大和田さんから草笛の鳴らし方を教わっている姿が印象的でした。この日を持って寺脇さん、大和田さんはクランクアップ！

5/16

河本バラ園

1日中バラ園での撮影！

青いバラ「ブルーヘブン」を実際に開発した河本バラ園をお借りして朝から晩まで美しいバラに囲まれて撮影しました！冬子のモデルとなった河本純子さんも撮影を見守ってくださいました。冬子と夏芽が茶室で話すシーンに出てくるお茶は「月」という実際に岐阜で売られている商品。

5/17

パラ・ハンググライダー発進基地

いよいよ、冬子が大空へ！

スカイスポーツの聖地として知られているパラ・ハンググライダー発進基地。岐阜県南西部から愛知県北西部と三重県北部の一部にかけて広がる平野を見渡せ、春から秋にかけてはパラグライダーやハンググライダーが空を彩ります。冬子が飛び立つシーンを撮影後、北山トンネルに移動して幻想的なシーンを撮影。

5/28

岡島橋付近

撮影終了まであと3日！

この日はあいにくの雨。鷹野が冬子に手紙を渡すシーンは急遽、傘を持っての撮影に切り替えられました。その後、養老鉄道 揖斐駅に移動し冬子の「初めてのおつかい」や、大垣市立図書館で鷹野がハンググライダーの素晴らしさを語るシーンが撮影されました。図書館では冬子がバラ関連の本をたくさん読んでいます。

5/29

大野滑空場

クランクアップにはバラの花束を

この日で由紀さんをはじめとした演者の皆さんは全員クランクアップ！冬子と鷹野の出会いを撮影後、川口橋付近で撮影されたラストシーンでは由紀さんの愛らしい後ろ姿にスタッフも和やかな雰囲気。柳ヶ瀬商店街で由紀さんがクランクアップした際には、河本バラ園の純子さんから美しいバラの花束が手渡されました。

5/30

四季の広場

1000人ダンスでクランクアップ！

撮影最終日は地元のみなさんのダンスシーン！大人から子どもまで多くの方がエキストラとして参加してくださいました。四季の広場から始まり、最後はイオンモール各務原で上の階からダンスシーンを撮影。最後は映画の発起人である河本悦子さんと秦監督からそれぞれ感謝の言葉で幕を閉じました。

Blueheaven

『ブルーヘブンを君に』はこんなところでも サポートしていただいてました!

1

劇中の登場人物たちが乗っている車は岐阜ダイハツ販売さんの車両を使用して撮影されました。冬子の車には、バラのマークもあしらわれています。

バラのマーク!

2

大垣共立銀行さんのブルーベリー農園の前でもダンスの撮影をさせていただきました

3

イオンモール各務原さんでも場所をお借りしてダンスの撮影をさせていただきました!

4 撮影場所としてお借りした「うなぎ屋たむろ」さんでは
キャスト・スタッフで夕食をご馳走になりました

いただきまーす

5 株式会社中村さんからはキャスト・スタッフ
に足リラシートの差し入れをいただきました

6 奥長良川名水株式会社
さんからは水素水を差し
入れでいただきました

7 バーでのシーンで登場
する日本酒は、杉原酒
造さんの「千代乃花し
ぼりたて」

岐阜

地方創生ムービー 岐阜

【映画】ブルーヘブンを君に

あの名場面が生まれた場所を巡ってみよう！

ロケ地MAP

映画の中で出てきたスポットをご紹介します。
シーンを思い出しながら訪れたら、また違ってみえるかも！

1 大野町 河本バラ園

住所:大野町大野775

映画のタイトルであり、生み出すことは不可能とされていた青いバラ「ブルーヘブン」を開発した河本純子さんが勤めるバラ園。オリジナル品種や国内外のブランド苗を販売しています。映画の中では、河本さんをモデルにした冬子が鷺坂バラ園として経営。たくさんのバラに囲まれた園内は、映画の中で重要なシーンを担っています。

3 池田町 池田山麓茶畑

住所:池田町小寺782-2付近

蒼太が運転するベスパの後ろに乗る冬子。この後、冬子は大きな決断をします。

2 池田町 パラ・ハンググライダー発進基地（池田の森公園）

住所:池田町藤代（池田山）

中部地方を代表するスカイスポーツの聖地として知られ、春から秋にかけてはパラグライダー・ハンググライダーが空を彩ります。発進基地からは、眼下に濃尾平野をぐるっと見渡せ、夜景スポットとしても人気。映画最大の見どころ、大空に向かって飛び立つシーンはここで撮影されました。

7 池田町 JAいび川オートパル池田
住所:池田町山洞6

ハンググライダー教習所の舞台はコチラ。普段は新車や中古車の販売、車検や整備をしています。

8 大野町 サン・シング東海倉庫
住所:大野町西方791

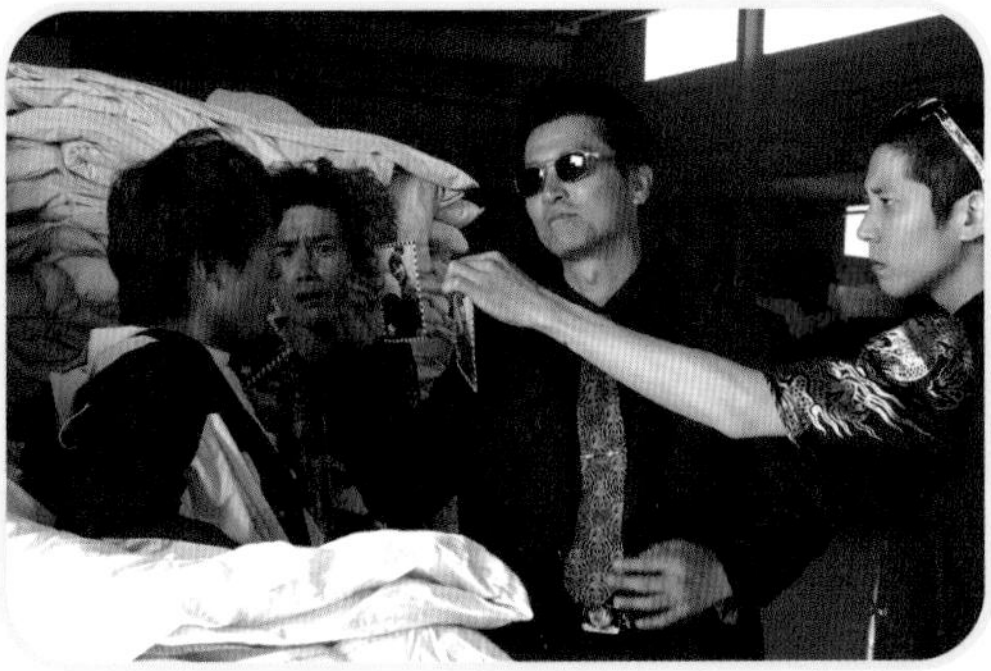

蒼太が夏芽の父、一郎たちに夏芽との交際を疑われ、詰め寄られるシーンで使われました。

9 大野町 大野滑空場
住所:大野町公郷3273付近

揖斐川左岸の河川敷に広がるグライダーの離着陸場。冬子と鷹野が初めて出会った場所。

4 池田町 池田山SDパラ講習場
住所:池田町小寺782-2付近

池田山のふもとにあるパラグライダースクールの講習場。蒼太、夏芽、正樹はここで試作品を試します。

5 池田町 池田広域グラウンド
住所:池田町白鳥付近(揖斐川河川敷)

揖斐川沿いに広がるグラウンド。感動のラストシ ーンはここで撮影。

6 池田町 上八幡集落センター
住所:池田町八幡2467

お葬式のシーンはここで。撮影中はシーンに合わせたように雨が…!

10 北山トンネル

揖斐川町 | 住所:揖斐川町北方2418-114付近

老紳士と話す場面。あの幻想的なシーンは実はトンネルで！

11 養老鉄道 揖斐駅

揖斐川町 | 住所:揖斐川町脛永434

冬子の「初めてのおつかい」のシーンで、バラの鉢植えを抱え電車に乗る様子が撮影されました。

12 岡島橋付近

揖斐川町 | 住所:揖斐川町下岡島215-999付近

自分で買ったハンググライダーで飛ぶのを見に来てほしい、と鷹野が冬子に手紙を渡すシーンを撮影。

13 西濃建設株式会社

揖斐川町 | 住所:揖斐川町島594-5

工事現場でのダンスシーンはここで。正樹の鳶職衣装は必見。

14 花の木珈琲店

揖斐川町 | 住所:揖斐川町上南方1907

厳選したコーヒー豆を自家焙煎し、石臼で挽いた香り高いコーヒーを提供するコーヒー店。蒼太と正樹が、夏芽たちと行った合コンについて言い合うシーンがここです。

15 川口橋付近

揖斐川町 | 住所:揖斐川町北方1266付近

冬子が毎日行っているウォーキングコースが揖斐川沿いのこの道。度々現れる老紳士がいるのもこの場所。冬子の病気が家族に知られ、息子の武史から検査入院を強く懇願される、迫力あるシーンの撮影もここで行われました。

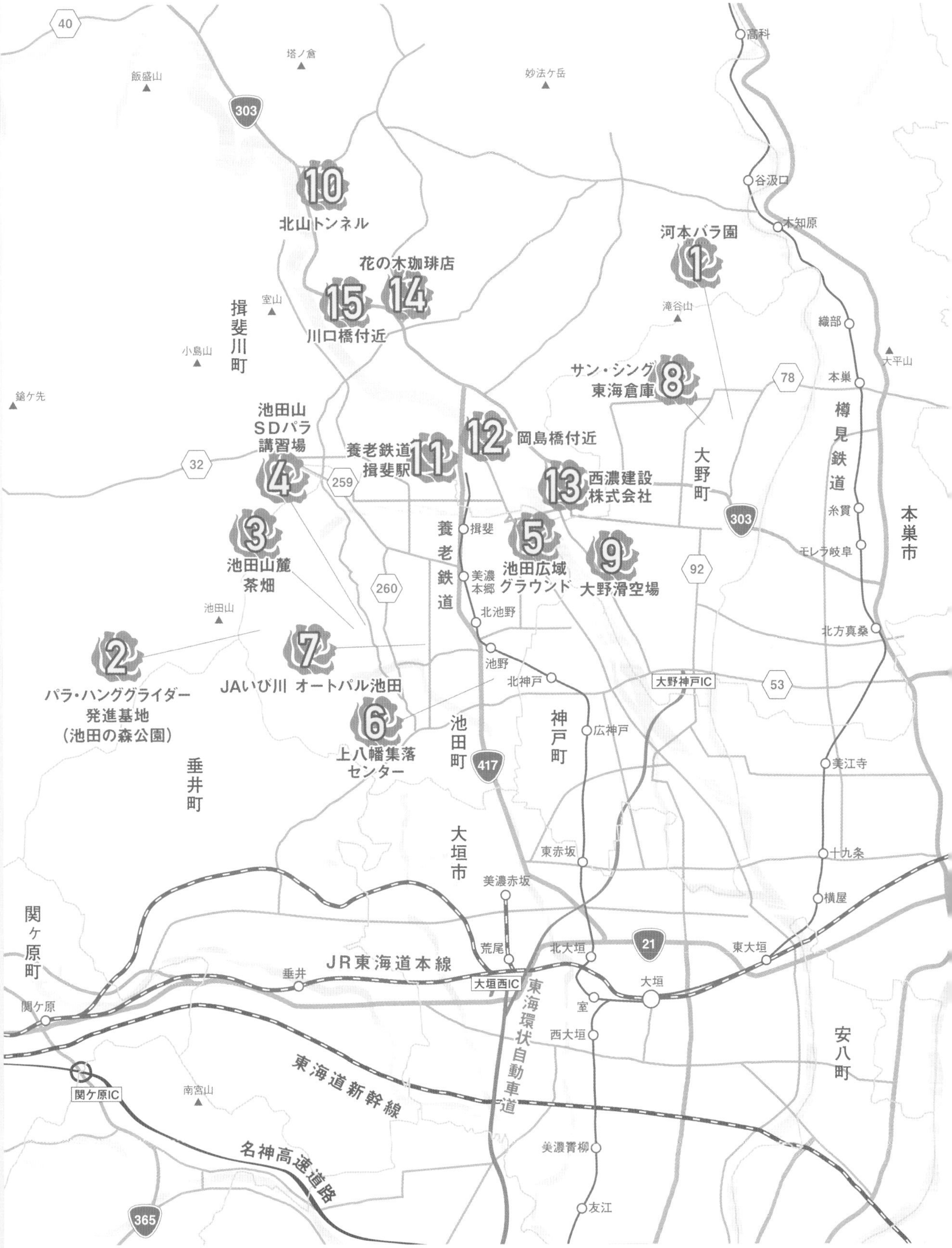

10
北山トンネル
1
河本バラ園
15
14
花の木珈琲店
川口橋付近
8
サン・シング
東海倉庫
4
池田山
SDパラ
講習場
11
養老鉄道
揖斐駅
12
岡島橋付近
13
西濃建設
株式会社
3
池田山麓
茶畑
5
池田広域
グラウンド
9
大野滑空場
2
パラ・ハンググライダー
発進基地
（池田の森公園）
7
JAいび川
オートパル池田
6
上八幡集落
センター
40
303
塔ノ倉
飯盛山
妙法ケ岳
高科
谷汲口
木知原
滝谷山
室山
小島山
鍋ケ先
揖斐川町
織部
大平山
本巣
78
樽見鉄道
大野町
32
259
糸貫
本巣市
モレラ岐阜
養老鉄道
揖斐
美濃本郷
92
260
北池野
池田山
北方真桑
池野
北神戸
大野神戸IC
53
神戸町
広神戸
池田町
417
垂井町
美江寺
大垣市
東赤坂
十九条
美濃赤坂
横屋
関ケ原町
荒尾
北大垣
21
東大垣
JR東海道本線
垂井
大垣西IC
大垣
関ケ原
東海環状自動車道
室
西大垣
安八町
東海道新幹線
関ケ原IC
南宮山
美濃青柳
名神高速道路
365
友江

大垣・羽島エリア

大垣市立図書館
大垣市

住所:大垣市室本町5-51

鷹野がハングの素晴らしさを語るシーンはここの図書館で撮影されました。

大垣城サルーン
大垣市

住所:大垣市郭町1-48

大垣城下にある創作和食を中心とした和ダイニング。合コンシーンはここで撮影されました。

岐阜ダイハツ笠松BPセンター
笠松町

住所: 羽島郡笠松町円城寺

夏芽と正樹が働く岐阜ダイハツの修理工場。映画では、ハンググライダーの修理も行っています。

四季の広場
大垣市

住所:大垣市馬場町159

ちびっこのキュートな笑顔が光るダンスシーンの撮影はここで。

岐阜・各務原エリア

イオンモール各務原
各務原市

住所:各務原市那加萱場町3-8

地元の人々と出演者が一緒になって出演したダンスシーンの撮影が行われた場所の一つ。

柳ヶ瀬商店街
岐阜市

住所:柳ケ瀬通付近

冬子が思い出にふけりながら歩く商店街。また、初めてお酒を飲むシーンを撮った丸桂本店もココの中に。

岐阜清流病院
岐阜市

住所:岐阜市川部3-25

冬子が病気の治療のために通う北揖斐総合病院は実際に2018年4月に開設された総合病院です。

※池田町・揖斐川町・大野町が発行する『ブルーヘブンを君に』ロケ地MAPから転載しています。

〈 美術監督が描く「ブルーヘブンを君に」の空間 〉

冬子の部屋

▶劇中ではクローズアップされていない本や写真立てなどの小道具からも冬子が花を愛していることが伝わる演出が施されています

夏芽の作業場

映画『ブルーヘブンを君に』を読む

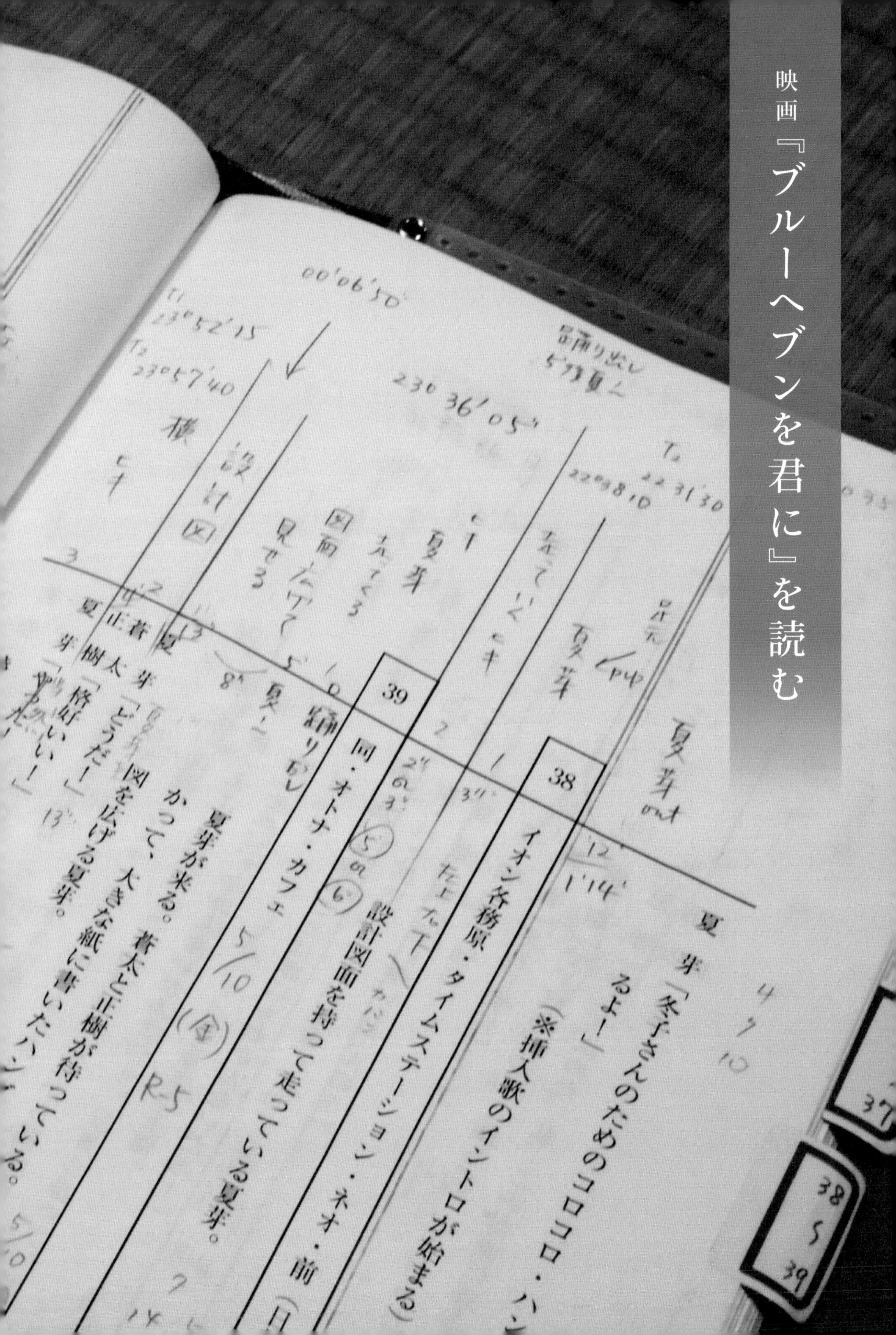

ふたりに向
グライダーの設計
ー　じゃあ、ここに書き出した材料、全部買って
（と、別のメモ用紙を突き出す）」

正　樹太「え？」

40　大垣共立銀行（日替わり）

中に入っていく青太。
窓口で残高照会を頼む。
行　員「残高、15円です」
青　太「え」

41　岐阜ダイハツ・オフィス

上　司「給料の前借り？」
正　樹「はい！……だめですか？」

42　工事現場（深夜）

歌いながら、肉体労働をしている

ブルーヘブンを君に シナリオ

1 鷺坂バラ園

いくつもの、バラの蕾。

2 同・中にある鷺坂家

バラ園の中に、歴史を感じさせる大きな一軒家が建っている。その玄関から、鷺坂冬子(63)がウォーキングの格好で出てくる。

冬子、ストレッチを始める。が、腹部に痛みが。

冬子「……」

と、鷺坂武史(48)と恩田千秋(45)がやってくる。

武史「組合の会合も、こう数が多いと迷惑だよな。本業に差し障っちまうよ」

千秋「(冬子に気づいて)お母さん?」

武史「かあさん⁉」

武史・千秋、冬子に近寄り、

千秋「お腹、痛いんですか?」

冬子「え? まさか、全然(とシャキッと立つ)」

千秋「でも……」

武史「疲れてる時はウォーキングなんかやめなって!」

冬子「実はね、今日で百万歩達成なのよ?」

武史「は?」

千秋「それ、明日でも達成できますよ?」

冬子「だめ。一日でも休んだら、イチからやり直しなの」

武史「誰が決めたの?」

冬子「私よ」

武史「あのねえ(と更に小言を言おうとする)」

冬子「(遮って)やっと達成できるの。人生初の連続・百万歩。じゃ、行ってきます」

冬子、出て行く。

武史「無理しちゃダメだぞ! もう年なんだから!」

千秋「……」

3 揖斐川・川沿いの道

リズミカルに、掛け声をかけながら歩いている冬子。

冬子「百万歩! 百万歩!」

そこに、老紳士のナレーションが被さる。

老紳士N「人生は、『初めて』、が満ちているから美しい――」

冬子「百万歩! 百万歩!」

老紳士N「たとえば、初めてのウォーキング」

×××

(フラッシュ・インサート)

赤ん坊の冬子がたどたどしく歩いている。

×××

老紳士N「たとえば、初めてのランドセル」

小学生の冬子がランドセルを背負って記念写真を撮ってもらっている。

×××

冬子「(笑顔で)」

老紳士N「たとえば、初めてのお使い」

小学生の冬子が、ラッピングされたバラの鉢植えを抱え、緊張した表情で、養老鉄道の駅のホームに立っている。やがて、電車が入ってきて、冬子、それに乗り込む。

×××

老紳士N「初めての、異性からの手紙」

16歳の冬子が下校していると、鷹野が道で冬子を待っていた。

鷹野「これ(と手紙を差し出す)」

冬子「!(ドキッとして)」

×××

老紳士N「初めてのお酒」

20歳の冬子が、成人式の振袖姿で、友人たちとお酒を飲んでいる。

友人1「成人式、お疲れ様でした!」

友人2「ではでは、初めてのお酒を……」

全員「乾杯!」

×××

老紳士N「初めての孫」

出産を終えたばかりの千秋。

そして、武史。

そんなふたりの前で、生まれたての蒼太を抱く冬子。

冬子「まあ、なんて可愛いの……」

千秋「お母さん。その子の名前、つけてもらえませんか?」

冬子「え? 私が?」

千秋「はい」

冬子「……」

千秋 武史「……」

冬子「(赤ん坊を見つめながら)……蒼ちゃん」

千秋「そうちゃん?」

冬子「蒼天の蒼で、蒼太くん。どう? きっと、青空の似合う子になるわ」

×××

冬子、歩いている。

と、歩く先にあるベンチに、老紳士が座っている。

老紳士、じっと冬子を見ている。

冬子、疲れたのか立ち止まり、空を見上げる。

冬子「……」

×××

美しい大空。

×××

冬子「……(空を見つめていて)……」

老紳士「……(冬子を見つめていて)……」

冬子「!」

と、突然腹痛に襲われ、その場にうずくまってしまう冬子。

冬子「!!!」

ジョガーや、子連れで散歩中の女性など、通りすがりの人たちが冬子に駆け寄る。

通りすがりの人たち「(口々に)大丈夫ですか!」

冬子「(苦しんでいて)」

ジョガー「救急車! 君、救急車呼んで!」

散歩の女性「はい。(携帯を取り出し)もしもし! もしもし! 今、揖斐川の○○橋の近くなんですが(年配の女性の方が急に体調を崩されたみたいで、すぐに救急車を……)」

老紳士「……」

老紳士N「そして……初めての救急車」

冬子「(苦しんでいて)」

4 北揖斐総合病院・廊下

看護師ふたり(酒井南・佐野貴恵)に付き添われ、冬子を乗せたストレッチャーが、慌ただしくICUへと向かう。

その傍らに、川にいた老紳士が付き添っている。

老紳士「(冬子に)大丈夫ですか?」

貴恵「鷺坂さん。おうちにお電話したんですけど留守みたいなんです。他にご連絡できる先はないですか?」
冬　子「それなら……ま……孫の蒼太に……」
　とそこへ、白衣を着た川越恵一(61)が駆けつける。
川　越「(息を切らして)冬子さん!」
南「院長、鷺坂さん、ウォーキング中に倒れて救急搬送です」
川　越「(息を切らして)ウォーキング?」
冬　子「日課なの」
川　越「日課って」
冬　子「ただの食あたりよ」
川　越「なわけないだろう! バカ野郎!」
南「あ。血圧64の30に下がりました!」
老紳士「(冬子に)大丈夫ですか?」
貴　恵「先生、患者さんにバカ野郎はだめです!」
川　越「(冬子に)ステージ4のがんの治療中なんだよ? ウォーキングなんかしている場合じゃないでしょう!」
冬　子「だって、もうすぐ百万歩なんだもの」
川　越「(呆れて)百万歩って……」
　ストレッチャーが検査室へと入っていく。それを廊下で見送る老紳士。
老紳士「……」
老紳士N「人生は、『初めて』が満ちているから、美しい――」

5　とある倉庫

　男たちに放り出され、布団の山に激突する鷺坂蒼太。
蒼　太「! 痛っ」
　蒼太を見下ろす、星野と落合。そして、鈴木一郎。
老紳士N「彼の名前は、鷺坂蒼太。冬子さんの孫だ。彼も今、人生における『初めて』を、ひとつ、増やしていた」
蒼　太「あの……いったい、何なんですか?」
鈴木たち「(睨んでいて)」
蒼　太「これって、もしかして、拉致、ってやつですか?」
星　野「人聞きの悪いことをいうな!」
落　合「これは、散歩だ!」
鈴　木「そして、その散歩のついでに、おまえに言っておきたいことがある」
　鈴木、顔をグッと蒼太に近付ける。
鈴　木「鈴木夏芽と別れろ」
蒼　太「え? 夏芽? え?」
星　野「とぼけるな! 先週おまえが合コンで知り合った美人すぎる自動車修理工だ!(と、隠し撮りした風の鈴木夏芽の手製ブロマイド写真を突きつける)」
蒼　太「え? 夏芽ちゃん、恋人はいないって言ってたけど、まさか、あなたに囲われてる系の?」
鈴　木「貴様! 夏芽がそんな女だって言うのか?」
落　合「オヤジの愛人は、もっと年増で不細工だ!」
　鈴木、落合を殴り倒す。
落　合「ぐは!」
鈴　木「よく聞け。夏芽は、おれの大事な一人娘だ」
蒼　太「ええっ!」
鈴　木「つまり、おまえは鈴木組三代目の、大事な大事な一人娘に手を出したってわけだ」
蒼　太「組?」
鈴　木「しかも、嘘をついて」
蒼　太「嘘?」
鈴　木「ついたよな? 嘘。自分も職人だって」
蒼　太「!(ギクッ)」
鈴　木「おまえは、本当は無職のニートのくせに、鮎料理の板前だなんて嘘をついて夏芽を口説いた。そうだよな?」
蒼　太「や。本当に、少し前までは鮎料理の料亭に勤めてたんです! それに、夏芽さんにはまだ指一本触れてません!」
星　野「あんな美人に手を出さないなんて、貴様それでも男か!」
　鈴木、星野を殴り倒す。
星　野「ぐわ!」
　鈴木、星野を殴った手をそのまま蒼太の前に差し出す。
蒼　太「?」
鈴　木「携帯」
蒼　太「は?」
鈴　木「携帯出せ」
蒼　太「は、はい!」
　携帯をポケットから取り出す蒼太。
蒼　太「出しました!」
鈴　木「まず、夏芽の連絡先を消せ。それから、ラインの友だちから消去しろ。さらに、おまえのフェイスブックとツイッターとインスタグラムから夏芽をブロックしろ」
蒼　太「今、ですか?」
星野　落合「今でしょ!」
　と、蒼太の携帯が鳴り始める。
鈴　木「! 夏芽か?」
蒼　太「や、違います」
鈴　木「夏芽だろう!」
蒼　太「違います!」
　蒼太から携帯電話を奪う鈴木。液晶画面には『冬子』とある。
鈴　木「……冬子ね。なるほど。うちの夏芽と二股かけるとはいい度胸してるじゃねえか!」
蒼　太「違います。これは、ばあちゃんです!」
　鈴木、携帯をスピーカーにして電話に出る。
鈴　木「(電話に出て)もしもし」
貴恵(声)「(スピーカーから)鷺坂蒼太さんの携帯電話ですか?」
星野　落合「若い!」
鈴　木「貴様! ぶっ殺す!」
貴恵(声)「(スピーカーから)私、北揖斐総合病院の佐野と申します。実は、鷺坂蒼太さんのお祖母さんの鷺坂冬子さんがこちらに今救急搬送されまして――」
蒼　太「え……」
鈴　木「!(蒼太に携帯を返し)俺は敬老精神を大事にする男だ。今すぐ行って差し上げなさい」
蒼　太「は、はい!」

6　北揖斐総合病院・談話室

　冬子と川越。
川　越「(辺りに誰もいないのを確認してから)……冬子さん。なんで家族に言わないの?」
冬　子「だって、今さら再発だなんて……」
川　越「ステージ4なんだよ? 今更もなにも、言わなきゃだめじゃないですか」
冬　子「うん……」
川　越「再発がわかった時に、家族には自分から話す。それまで入院せずに通院して治療する――そう言ったの、冬子さんですよね?」
冬　子「うん……」
川　越「すぐ入院しよう。入院して、治療に集中しましょう」
冬　子「実はね。治療、全部、やめたいの」

川越「え?」

冬子「普通に暮らしたいの」

川越「冬子さん!」

冬子「よく考えみたの。余命、あと半年か……それとも一年か……私ももう六十も半ばでしょう? だったら、ちょっと早めかもしれないけど、これも寿命ってことじゃないかなって」

川越「それは何も手を打たなかったらの場合であって、だからこそ、治療をしっかり頑張って長生きしましょうって、担当医からもそう説明されたよね?」

冬子「そうやって、薬や化学療法で無理に引き延ばしてもつらいだけでしょう?」

川越「何言ってるんだ! まだまだ人生やり残してること、あるでしょう?」

冬子「そんなのあったかしら」

川越「ある! どんな人間にだって、それは絶対にある!」

冬子「そうかしら……」

と、蒼太が来る。

蒼太「ばあちゃん? 大丈夫?」

冬子「(微笑み)」

7 川沿いの道

川沿いの道を、二人乗りのベスパが走っている。

運転は、蒼太。後ろに冬子。

二人の会話は、風の音とヘルメットに邪魔されている。

蒼太「(大声で)本当にいいの?」

冬子「(大声で)え?」

蒼太「(大声で)お腹、もう痛くないの? ただの頑固な便秘ってホント?」

冬子「(大声で)オードリ・ヘプバーンになったみたい!」

蒼太「(大声で)え?」

冬子「(大声で)蒼ちゃんがグレゴリー・ペックで、私がオードリ・ヘプバーン!」

蒼太「(大声で)え?」

冬子「(大声で)グレゴリー・ペックのほうがいい男だけどね!」

蒼太「(大声で)え? おれがいい男?」

冬子、空を見る。

冬子「……」

蒼太「(大声で)ばあちゃん?」

冬子「(大声で)蒼ちゃん! 寄り道しない?」

蒼太「(大声で)え?」

冬子「(精一杯の大声で)よ・り・み・ち!」

8 池田山・山頂近くの公園

そこにやってくる蒼太と冬子。

蒼太「久しぶりだなあ、ここ」

冬子「……(空を見つめて)……」

蒼太「ガキの頃さ、一度連れてきてくれたよね? 母ちゃんと正樹が出てって、おれが落ち込んでたときにさ」

冬子「……(空を見つめて)……」

蒼太「一緒に歌、うたってさ。アノ時、実はおれ、めっちゃ励まされて……あれ? ばあちゃん?」

冬子「……(空を見つめて)……」

9 池田山の見える道(半世紀近く前)

16歳の冬子に手紙を差し出している鷹野。

冬子「何?」

鷹野「俺、ついに買ったんだ。自分のハング・グライダー。名前も付けた」

冬子「え?」

鷹野「今週末、あの山から飛ぶから、見に来てよ。これ、その地図」

冬子「え?」

鷹野「絶対な。待ってるから。じゃ」

鷹野、去る。

冬子「……」

10 山頂近くの公園

冬子「……ねえ、蒼ちゃん。私、決めた」

蒼太「?」

冬子「私……この空を飛ぶ!」

タイトル

大空に。

『ブルーヘヴンを君に』。

11 川沿いの道~川(半世紀近く前)

テロップ『1973年』。

冬子が自転車で走ってくる。

カゴにはバラの図鑑など、園芸関係の本ばかり。

冬子「……」

と、突然、冬子の方へハンググライダーが飛んでくる。

冬子「わ!」

冬子の頭上をハンググライダーが通り過ぎる。

それに驚いて、自転車のバランスを崩し、コケてしまう冬子。

冬子「……いたた」

と、近くでも、ガシャンという音がする。

振り返ると、近くでハンググライダーも墜落している。

鷹野「……いたた。しまった。やっちゃった……」

冬子、鷹野のところに駆け寄る。

冬子「あの、あの——大丈夫ですか?」

鷹野「ごめんね。ぶつかんなくてよかった!」

冬子「でも——」

鷹野、冬子の膝小僧の擦り傷を見て、

鷹野「わ。血出てる! ごめん。俺のせいで」

鷹野、ウエストポーチから、医療キットを取り出し、

鷹野「任せて。おれ、慣れてんだ。こういうの」

屈んで冬子の膝の擦り傷を消毒し、そして絆創膏を貼る鷹野。

膝に触れられ、ちょっと固まる冬子。

鷹野「あ、しみた?」

冬子「いえ……それより……」

骨組みの曲がってしまったハンググライダーを見る冬子。

冬子「あれ、大丈夫ですか?」

鷹野、自分のハンググライダーを見て、

鷹野「うん、大丈夫じゃないけど、大丈夫。いや、全然大丈夫じゃないな。くーーーー、バイト代何ヶ月分だろ」

冬子「あの。私も弁償します」

鷹野「え?」

冬子「私を避けたせいでこうなったわけで——今、千円しかないけど……あ、お年玉の郵便貯金なら——」

鷹野「(笑う)君、面白いね」

冬子「え?」

12 川沿いの道(現在・日替わり)

老紳士が座っている。

老紳士「……」

13 図書館（半世紀近く前）

バラの図鑑を眺めている若き日の冬子。

冬子「……」

と、誰かが背中にぶつかる。

冬子「！」

参考書や教科書が冬子の頭上に落ちてくる。

冬子「痛っ！」

鷹野「あ、ごめん！」

振り返ると、そこにいたのは鷹野だ。

冬子「あ」

鷹野「あ！　あの時の！　アタマ、大丈夫？」

冬子「はい。全然大丈夫です」

鷹野、参考書を拾いながら、鷹野「偶然だね！　あ、ここ座っていい？」

冬子「え」

鷹野、冬子の返事を待たずに隣に座る。

冬子「……」

鷹野「さて、と」

教科書、参考書、ノートを広げる鷹野。

鷹野「明日追試で。英語と数学と古文と物理と化学」

冬子「……」

鷹野「まいっちゃうよ。今度赤点取ったら、夏休みナシだって。予定バッチリ入れてるのに」

冬子「……」

鷹野「もうすぐ届くんだよ。バイト代貯めて注文した、俺のハンググライダー。講習のための借り物じゃない、俺のハンググライダー。性能が全然違うんだ。俺はそれで、山から飛ぶ。山の一番高いところから、ひとりで飛ぶんだ」

冬子「ひとりでって……それ、危なくないんですか？」

鷹野「ひとりだからいいんだよ」

冬子「……」

鷹野「大空に、ひとりっきりでいると、なんか自分がとっても透明になった感じがして、すごく気持ちいいんだ。で、無事に地上に降りてきたら、それはそれで、『俺、まだ生きてる！』ってガッツポーズしたくなるんだ。神様、俺に命をくれてありがとうってね」

冬子「……へえ」

鷹野「（ふと、冬子の本に目が行って）そういえば、あの時も、バラの本、持ってたよね。バラ、好きなの？」

冬子「え」

鷹野「バラかあ。青いバラがあればいいのになあ」

冬子「青いバラ、ですか？」

鷹野「俺、青が好きだからさ。川の水って青いでしょ。海も青いでしょ。そして、空はとことん青いでしょ。世界はさ、美しい青で出来てるって思うんだ」

冬子「でも……バラには、青い色素がないんです。だから、いくら品種交配をしても、青いバラは無理なんだって、前に読んだ本に書いてありました」

鷹野「へえ。じゃあ、君がそれを作れば、それが世界で初めての青いバラ、になるんだね」

冬子「え？」

鷹野「人ってさ、すぐに『無理です』とか『不可能です』とか言うけどさ。そんなこと簡単に言うなよなって俺は思うんだ。ほんの100年前は、飛行機だって無理だって言われてたんだよ？　だからきっといつか、青いバラだって出来るんじゃないかな」

冬子「……」

14 川沿いの道（現在）

老紳士「……」

と、遠くに、冬子の軽自動車が走っていく。

老紳士「……（その軽自動車を見て）……」

15 フライトスクール・外観

看板には、『池田山スカイクラブ』とある。

その前に、冬子の軽自動車が来て停まる。

冬子「（正面の池田山を見る）」

やがて、意を決してフライトスクールに入っていく冬子。

16 同・中

スタッフの佐藤義樹と話している冬子。

冬子「え……資格が、必要なんですか？」

佐藤「はい。ハンググライダーで飛行するには技能証の取得とフライヤー登録が必要なんです。なので、皆さん、まずは講習を受けていただきます」

冬子「あの、どうしても池田山から飛びたいんです。その講習にはどのくらいの時間がかかりますか」

佐藤「山飛び、ですか……」

冬子「年齢制限があるんですか？」

佐藤「いや、年齢制限ではないんですが……ハンググライダーというのは重さが三十キロ近くあるんですね。まず、それを担いで走る脚力が必要です」

冬子「……」

佐藤「風圧がかかる中、機体を安定させるためには腕力も体幹の力も必要です」

冬子「……」

佐藤「でも、タンデム——つまり二人乗りでスタッフと一緒に飛ぶなら、鷺坂さんでももちろん大丈夫ですよ」

冬子「二人乗りではダメなんです」

佐藤「え」

冬子「ひとりが、いいんです」

17 鷺坂バラ園

冬子の軽自動車が帰ってくる。

車から降りる冬子。

冬子「……（少し落ち込んでいて）……」

円花「ふゆこさーん！」

と、従業員の三橋円花（35）が走ってくる。

円花「皆さん、お待ちになってますよ！」

冬子「皆さん？」

円花「もしかして忘れてました？　揖斐川西小学校の社会科見学」

冬子「あ！」

18 同・バラの温室の中

小学生たちと引率の教師・西山真世。

その子どもたちにブルーヘブンの説明をしている冬子。

冬子「実は、バラには青色素がありません——」

子供たち「……」

冬子「だから、品種改良のみで青いバラをつくることは、絶対に無理だと言われてました。青いバラの花言葉も、昔は『不可能』だったんです。でも私は、どうしても青いバラを作ってみたかったの。お話の中や、絵の中だけのバラじゃなくて、本物の青いバラを作ってみたかった。それで、いろんなバラとバラを掛け合わせて、ちょっとずつ、ちょっとずつ、青に近づけていく研究を始めたの」

生徒の幹本栞(12)、生田明季(12)、安藤悠(12)が私語をする。

栞「(小声で)無理なことをわざとやるとか、超変わってない?」

明季「(小声で)軽く変態入ってるよね」

安藤「(小声で)そういうこと言うのよせよ」

明季「(小声で)出た。安藤のいい子ぶりっ子」

真世「幹本さん。生田さん。質問がある時は手をあげて、大きな声で言いましょうね」

栞「(手をあげて)はい。どうして、青じゃなきゃいけなかったんですか?」

冬子「え?」

栞「赤とか白とか黄色とか、もともとバラには、綺麗な色のがたくさんあるじゃないですか。なのにどうして、無理って言われてる青いやつ、作ろうなんて思ったんですか?」

冬子「んー、これはどんなバラでも同じなんだけど、思った通りの新しいバラが出来た瞬間より、『どうすれば出来るんだろう』って考えたり、『次こそは行けるかも!』ってワクワクしたり、そういう時間の方が、実は楽しかったりするの。だからね。青いバラはとびっきり難しくて、とっても時間がかかったから、その分、一番楽しいバラでもあったのよ」

栞「……」

明季「(小声で)やっぱり変態入ってるね」

栞「(小声で)うん」

安藤「(小声で)だから、そういうこと言うなよ」

冬子「……(微笑み)……」

19 とあるカフェ・中

ドアの脇のラックに、『OKB牧場のブルーベリージャム!』と推薦コメントが手書きで書かれたポップとジャムの瓶。

店内のテーブル席では、スーツ姿の恩田正樹が、トーストにそのブルーベリージャムをつけて食べながら、岐阜のフリーマガジンを読んでいる。

正樹「……」

と、そこに蒼太が入ってくる。蒼太、正樹を見つけると、その向かい側に座り、そして、深々と頭を下げる。

蒼太「このたびは、ご迷惑をおかけして、本当にすみませんでした」

正樹「(無視)」

蒼太「?」

蒼太、正樹のトーストに手をのばす。

正樹「(その手を叩き)」

蒼太「……すみません」

正樹「すみません、じゃねーよ。何、弟の顔潰してんだよ」

蒼太「やっぱ、怒ってた?」

正樹「どうだろうね。いきなりスパナは飛んで来たけどね」

蒼太「……」

正樹「(蒼太を睨みつつ)つかさ。俺だって意味わかんねーんだけど。がんがんアプローチしておいて、いきなりLINEブロックとか音信不通とか、何なのそれ。夏芽ちゃんは俺とは仕事でもめちゃめちゃ繋がってんだよ。その辺のことも少しは考えて欲しかったな」

蒼太「すまん。実は、拉致られて」

正樹「は?」

蒼太「拉致られて、脅されて。夏芽ちゃんの父親とその手下に」

正樹「はあ?」

蒼太「(小声で)ここだけの話、夏芽ちゃんち、ヤクザだぞ」

正樹「マジ?」

蒼太「マジ。ほんと、マジこわかった。俺が、鮎料亭やめてるのもいつの間にか調べ上げてて、それで星野と落合とか言う子分が俺を」

正樹「(遮って)待て待て待て待て。おまえ、鮎料亭、辞めたの? え? いつ辞めたの? 夏芽ちゃんとの合コンの時はもう辞めてたの?」

蒼太「う」

正樹「前かよ! テメー、ふざけんなよ!」

蒼太「すまん」

正樹「すまんじゃねーよ!」

蒼太「合コン当日の昼にクビになったんだけど、なんか言えなくて」

正樹「いやいやいやいや。言えなくて、どころか、『俺、鮎職人♫』とか言ってガンガンアピールしてたよね?」

20 バー・中(回想・夜)

テーブル席にて合コン中の男女。

男は、蒼太・正樹・白川裕二の三人。

女は、夏芽・時沼佐奈・ダーシャの三人。

すでに自己紹介がおわり、男女ペアができて、おしゃべり。

白川「おれさ、昔、100キロぐらいあったんだよね。でさ、二年で42キロダイエットしたの」

佐奈「すごい! どういうダイエットで痩せたの?」

白川「失恋ダイエット」

佐奈「え?」

テーブルの中央は、正樹とダーシャ。しかし、正樹は右にいる夏芽と蒼太が気になっている。

ダーシャ「私ネ、パキスタンじゃないの。バングラデシュなの」

正樹「(横が気になってる)そうなんだ」

ダーシャ「でも、キリスト教だから、牛も豚も食べる。焼き肉スキよ」

正樹「(横が気になってる)そうなんだ」

ダーシャ「ねえ、私の話、聞いてる?」

正樹「(横が気になってる)そうなんだ」

蒼太と夏芽。

蒼太「俺、実は鮎職人♫」

夏芽「へえ。職人さんなんだ」

蒼太「俺が焼く鮎は最強に美味しいよ! 君の美しさに免じて、特別にうちの店の秘伝の焼き方ってやつ、教えてあげようか?」

21 カフェ・中(回想終わり)

正樹「何が『秘伝の焼き方』だよ! 何が『君の美しさに免じて♡』だよ! そもそもクビになってどうやって彼女に鮎をご馳走すんだよ!」

蒼太「おれだって色々あるんだよ! 先輩の理不尽さとか理不尽さとか理不尽さとか」

正樹「あの鮎料亭、ばあちゃんのお得意さんの口利きで入ったんだろ? ばあちゃんには言ったのか?」

店員、来る。

店員「ご注文、お決まりですか?」

蒼太「まだ」
店員「(去る)」
正樹「ダメ。もう、マジでダメ。兄貴のそういうところ、全部ダメ。生まれるところからやり直せ!」
蒼太「……」
正樹「悪い噂はすぐに伝わるんだから。ばあちゃんが他所から聞く前に、自分の口からちゃんと話して謝れよ! 絶対だぞ!」
正樹、千円札を一枚テーブルに叩きつけ、そのまま去る。
蒼太「……」

22 鷺坂バラ園(夜)

まだ、蕾のバラ。

23 同・玄関(夜)

帰ってくる蒼太。

蒼太「ただいま」

千秋(声)「あ、帰ってきた!」

と、奥から武史と千秋と円花が飛び出してきて、そのまま蒼太を、今は使っていない部屋に引きずり込む。

蒼太「え? え?」

24 同・個室(夜)

武史「蒼太。ここに座れ」
戸惑いながら、三人の前に座る蒼太。
武史「おまえ、俺たちに報告することがあるだろ?」
蒼太「え?」
円花「わ。今鼻の穴膨らんだ! やっぱり何か隠してるわね?」
蒼太「いや、おれは別に隠していたわけじゃなくて、ちゃんと(次の就職先が決まったらきちんと)」
千秋「(遮って)やっぱり、どこか悪いの?」
蒼太「え?」
千秋「おばあちゃんよ。この前病院で、川越先生から何か言われなかった?」
蒼太「いや別に。なんで?」
千秋「あれから、なんかお母さんの様子がおかしいのよね。たまにこっそりため息とかついてるのよ?」
円花「今日も社会科見学のこと忘れてたし。ぼーっと空を見上げてたかと思ったら、急にスクワット始めたり」
蒼太「空?」
×××
(フラッシュインサート)
冬子「蒼ちゃん。私、決めた」
蒼太「?」
冬子「私……この空を飛ぶ!」
×××
蒼太「あー……」
武史「やっぱり! おまえ何か知ってるのか!」
と、ドアがコンコンとノックされる。
四人「!」
千秋「は、はい」
と、ドアが開き、冬子が顔を出す
冬子「どうしたの? みんなで、こんなところで」
武史「え? いや、その、蒼太が今の職場でちゃんと頑張ってるのか、心配で」
千秋「そうそう。そうなの。なんか急に心配になっちゃって」
円花「(ブンブンと強くうなずく)」
冬子「何を言ってるの。頑張ってるに決まってるじゃないの。今度こそ死ぬ気で頑張るって、蒼ちゃん、私に約束してくれたもの。ねえ、蒼ちゃん」
蒼太「うん。もちろん。ばあちゃんの紹介だもの。死ぬ気で頑張るに決まってるじゃん」
武史「だよな。そりゃ、そうだ。あははは」
冬子「じゃあ、話終わったんなら、蒼ちゃんちょっといい?」
武史「どうぞどうぞ」
冬子に手招きされ、蒼太、部屋の外へ。

25 同・冬子の離れへと続く渡り廊下(夜)

やってくる冬子と蒼太。
と、突然冬子、蒼太の手を握る。
冬子「蒼ちゃん、何かいいアイディアない?」
蒼太「え?」
冬子「私、今度のことだけは、絶対、諦めたくないの。蒼ちゃん、何かいいアイディアない?」

26 フライトスクール・外観(日替わり)

蒼太(声)「なんかいいアイディアないっすか?」

27 同・中

佐藤に詰め寄っている蒼太。
蒼太「ばあちゃんでもひとりで飛べる方法、なんかないすかね?」
佐藤「そういわれましても――」
蒼太「うちのばあちゃんは、毎日ウォーキングしてるし、農作業もしてます! 体力はばっちりです」
佐藤「ですから、体力はもちろんですが、グライダーを担いで走る腕力も脚力も必要なんです」
蒼太「走るっていっても、最初と最後にちょろっと動くだけでしょ? なんとかなりませんか?」
佐藤「……」
蒼太「な、なんすか?」
佐藤「なら、ちょっと体験してみますか?」
蒼太「え?」

28 山麓斜面

ハンググライダーを担ぎ上げる蒼太。
蒼太「! 重っ」
風に煽られ、グラグラする。
佐藤「グライダーを地面と平行に。安定させてくださいね」
蒼太「楽勝っすよ」
蒼太、必死にグライダーを抑え込もうとする。
佐藤「グライダーを肩のすぐ下の部分で支えてください」
蒼太「え? どこ?」
佐藤「ここです」
蒼太、言われるがままに両肩で機体を支える。
蒼太「痛!」
佐藤「痛いのは我慢です。肩と腕の筋肉で固定します」
蒼太「や、これ、かなり痛いんですけど」
佐藤「最初はこう、すじ状の痣が出来たりしますね」
蒼太「!」
佐藤「では、走ってみましょうか」

蒼太「え」
佐藤「難しいですよね。でも、ハンググライダーでは、離陸と着陸の時に、必ず走らなければならないんです。これが出来ないと、飛び立てないし、無事に地上に帰ってくることも出来ません」
蒼太「……」
佐藤「ご理解いただけました？　タンデムの体験でも、十分大空の素晴らしさは感じられます。ぜひ、お祖母さまにあなたからもそう説明していただいて……」
　と、蒼太、突然、雄叫びをあげる。
佐藤「？」
　そして、蒼太、ハンググライダーを抱え上げたまま、全力で走り始める。
蒼太「おおおおおお！！！」
佐藤「ちょっと！　危ないですよ！　鷺坂さん‼」

29　自動車修理工場・外観

30　同・中

　溶接作業をしている作業員がいる。（マスクのせいで顔が見えない）
　その背後に、正樹がいる。
正樹「だからさ。そこをなんとか」
作業員「くどい。あんたからの仕事はもうやらないって決めたの」
正樹「決めたのって言われても、お客さんが君の腕は最高だって。次も絶対君に頼みたいんだって」
作業員「……」
正樹「や。腹が立つのはわかるよ？　でも、仕事は仕事。プライベートはプライベート。そこは区別していこうよ」
作業員「あんたは、仕事とプライベートで人格が変わるの？」
正樹「え？」
作業員「信用できる人は、仕事でもプライベートでも信用できるものじゃないの？　プライベートではクソ野郎なのに仕事では信用できるとか、そういうの、よくわからないんだけど」
正樹「いやいや、ちょっと待ってよ。クソ野郎だったのは俺じゃないよね？　どっちかっていうと、あの件は俺だって騙された側であり、被害者側だと思うんだけど」
作業員「（無視）」
　と、そこに、蒼太が入ってくる。
蒼太「あの～。すみませーん！　池田山スカイクラブの佐藤さんの代理で、ハンググライダーの修理をお願いに……あれ？　正樹？」
正樹「（驚愕していて）」
蒼太「お前、なんでここに？」
正樹「ここはうちの工場！　お前こそ、なんでここに？」
蒼太「や。ここ、一応、看板は自動車修理工場だけど、ハングの修理も受け付けてくれるって」
　と、作業員が立ち上がると、手ぢかにあったスパナを蒼太に思いっきり投げつける。
蒼太「わ！」
　間一髪で避ける蒼太。
　作業員は鈴木夏芽だった。
夏芽「それはこっちのセリフだろうが！」
蒼太「！　夏芽ちゃん！！！」
夏芽「殺す！　レンチでタコ殴りにしてから、バーナーで消し炭にしてやる！」
蒼太「や、ちょっと待って。これには深いわけが」
夏芽「わけ？」
蒼太「そう。ふかーいわけが！」

31　鈴木家

　『テキ屋連合鈴木会』という看板がかけられている。玄関で、星野と落合が見張りのように立っている。と、そこに、夏芽のオープンカーと、正樹の営業車がやってくる。

32　同・中

　マットを敷き、美人の女性パーソナル・トレーナー河本いずみとマンツーマンでトレーニングをしている鈴木。
　使っているのはハンドメイドの腹筋ローラー。
鈴木「じゅうきゅ……」
いずみ「あと、もう一回、行きましょう」
鈴木「じゅうきゅ……」
いずみ「もう一回！」
鈴木「じゅうきゅ……」
いずみ「鈴木さん！　ここが根性の見せ所ですよ！」
鈴木「じゅうきゅ……」
いずみ「この腹筋ローラー、娘さんのお手製なんですよね？　娘さんに、19回でギブアップする姿を見られてもいいんですか？」
鈴木「！　に、に、に、にじゅ……」
　と、遠くから、星野と落合の声が聞こえてくる。
星野「お嬢さん、ダメです」
落合「オヤジさんは、今、トレーニングの最中でして」
　バーンとドアが開けられ、夏芽が現れる。
　いきなり、鈴木が手にしている腹筋ローラーを蹴っ飛ばす。
　鈴木、顔面から床に落ちる。
鈴木「！！！」
夏芽「おい、クソオヤジ」
鈴木「？？」
　顔を上げる鈴木。
　夏芽。と、その後ろに蒼太と正樹がいる。
蒼太「（小さく）ども」
鈴木「貴様！　まだ、俺の娘と――」
夏芽「（遮って）その前に！　こちらの鷺坂さんを脅したっていうのは本当？」
鈴木「その前に！　おまえ、自分が何を蹴ったかわかってるのか？　この腹筋ローラーは、三年前、おまえがお父さんの誕生日に、腹筋ローラーにもなるしダンベルにもなるから使ってよって、おまえがわざわざ溶接作業して作ってくれた世界にたったひとつの逸品なんだぞ？　いわば、おまえの親孝行の心そのものなんだぞ？　それを足蹴にしたってことは、おまえの親孝行の心を足蹴にしたってことなんだぞ？」
夏芽「だったら何？」
鈴木「へ？」
夏芽「そもそもさ。私は過保護にされるのは嫌いだし、何かっていうと父さんが私の同級生の男の子を脅すのをやめないから、18歳の時に一度親子の縁を切ったよね？」
鈴木「……」
夏芽「大学の学費だって、私、卒業まで、全額バイトして自力で払ったよね？」

鈴木「……」

夏芽「でも、父さんの方から『海より深く反省したからどうか親子に戻ってくれ』って泣いて頼まれたから、それで、そのダンベル・ローラーを仲直りの印に作ってあげたんだよね？」

鈴木「……」

夏芽「というわけで、もし、ここにいるクソ男の言い訳が事実だったら、私、お父さんとの親子の縁、再び切らせていただきます。それも、今度は永遠に」

鈴木「永遠って……」

夏芽「(蒼太に)おい」

蒼太「はい！」

夏芽「さっき私にした話、そのまんまここでもう一回言って」

蒼太「え」

夏芽「ヤクザのふりしてあんたのこと拉致して、男三人であんたを脅したって話」

星野「でも、お嬢さん。こいつは嘘つきのただのナンパ野郎ですぜ？」

夏芽「うるさい」

落合「そうそう。鮎料亭の職人だっていうのも全部嘘で……」

夏芽「うるさい！」

正樹「あの。俺までここにいる必要はあるんでしょうか」

夏芽「あんたが紹介した男でしょ！」

正樹「それはすっごく後悔してるし、ついでにいうと、ぼくはまだ勤務時間中なんだけど」

夏芽「うるさい！　二度とあんたの客の車、直さないよ？」

正樹「う」

夏芽「どうなの？　本当に脅したの？」

鈴木「だって心配だったんだよ〜！」

鈴木、いじけたようにコロコロとローラーを転がしながら言う。

鈴木「(コロコロしながら)おまえは、おれが四十でやっと出来たひとり娘なんだよ。死んだ女房の忘れ形見だよ？　クソみたいな男に引っかかってほしくないって思って何が悪いんだよ……」

夏芽「だから！　そういうのを過保護っていうの」

鈴木「(コロコロしながら)でも、心配なんだよ〜。夏芽のことは俺に任せろって死んだ女房と約束したんだよ……」

夏芽「何回も浮気してお母さん泣かせてきたくせに、よく言うわ」

鈴木「(コロコロ)でも……」

蒼太「(ずっと鈴木のローラーを見ていて)あ……コロコロしちゃうのはどうかな……」

夏芽「は？」

正樹「は？」

鈴木「は？」

蒼太「コロコロだよ。そうだよ、コロコロなんだよ、夏芽ちゃん！」

夏芽「え？」

蒼太、鈴木から腹筋ローラーを奪う。

蒼太「コロコロがあれば、いけるかもしれない！」

一同「？？？」

33　正樹の車・中

運転をしているのは正樹。

助手席には、夏芽。

そして、後部座席で小さくなっているのは蒼太。

3人ともしばし無言。

夏芽「……」

蒼太「……」

正樹「……」

夏芽「……」

蒼太「……」

正樹「……あのさ。気持ちはわるけどさ。何か話さない？」

夏芽「……」

蒼太「……」

正樹「おれ、そろそろこの重たい空気が耐えられないんだけど」

夏芽「……」

蒼太「……」

正樹「よーし。じゃあ、ゲームをしよう。古今東西・名城線ゲーム。知ってるよね？　名城線ゲーム」

夏芽「……」

蒼太「……」

正樹「じゃあ、まず俺がお題を出すね。じゃあ、ダイハツが作っているクルマ！　ぽんぽん。ムーブ。ぽんぽん」

夏芽「鮎料亭の職人じゃなかったんだね」

正樹「ぽんぽん」

蒼太「や。職人だった時期もあるんだよ」

正樹「ぽんぽん。タント。ぽんぽん」

夏芽「経験2ヶ月とか、それ、単なる雑用係」

正樹「ぽんぽん」

蒼太「雑用係も職人だよ」

正樹「ぽんぽん。ミライース。ぽんぽん」

夏芽「ったく。オヤジの気持ちもわからなくはないわ」

正樹「ぽんぽん」

蒼太「あ、正樹。そこ右な」

正樹「知ってるって！　俺の家でもあったんだぞ、5歳までは！」

夏芽「何それ」

正樹「気にしないで。五歳の時、両親が離婚したってだけ。ぽんぽん。トコット」

34　道

走っている正樹の車。

35　鷺坂バラ園

冬子や、千秋や、円花、その他の従業員達が働いている。

冬子、淡々と、しかし丁寧に、バラの世話をしている。

冬子「……」

円花、すっと冬子のところにきて、ラッピングした足リラ・シートを差し出す。

円花「冬子さん、これ、すっごくイイんで、よければ使ってください！　立ち仕事に最強ですよ」

冬子「まあ、ありがとう」

円花「あと、これ、飲んでみてください。水素が作れるタブレット。これ飲むと、48時間体内で水素が発生して活性酸素をやっつけてくれるらしいです。最近、私も愛用中で(と言いながら、実際に一粒飲む)」

冬子「ちょっと待って。急に、どうしたの？」

円花「……体調、大丈夫ですか？」

冬子「？　大丈夫よ？」

円花「じゃあ、その……心の健康は大丈夫ですか？」

冬子「？　大丈夫よ？」

と、そこへ、蒼太と正樹と夏芽がやってくる。

蒼太「ども」

千秋「あら。正樹まで。こちらの綺麗なお嬢さんは?」

夏芽「お仕事中に失礼します。鈴木夏芽と申します」

千秋「こんにちは。蒼太と正樹の母です。ええと、どっちの彼女さん?」

蒼太「え?」

正樹「え?」

千秋「な、わけないか(と笑う)」

蒼太 正樹「……」

冬子「はじめまして。私、蒼太と正樹のおばあちゃんです」

夏芽「あの……実は私、初めましてじゃないんです。子供の頃、社会科見学で、こちらにお邪魔しまして」

冬子「あら、そうなの」

夏芽「あの時、バラの説明をされていた鷺坂さんがとても格好よくて……それで私、自分も絶対に、自分の手で直接何かを作ったり育てたり直したりする人間になろう。そう思ったんです」

蒼太 正樹「え、マジ?」

冬子「嬉しいわ。ありがとう」

夏芽「それで、その……蒼太くんから話を聞きまして……空の」

冬子「!」

千秋 円花「?」

夏芽「それで、私ももしかしたらお手伝いできるかも、と思ったんですが、でも、それって鷺坂さんの命を預かるってことになるわけで……なので、イエスかノーかお返事する前に、どうして突然空を飛ぶ決心をされたのか、それを直接お伺いしたくて」

冬子「……」

蒼太「……」

正樹「……」

円花「(千秋に)空ってなんですか?」

千秋「(冬子に)空ってなんですか?」

冬子「(千秋と円花に)内緒♪」

千秋 円花「……」

冬子「(夏芽に)そうだ。実はね、ちょうど、お茶を飲みたいなーと思っていたところなの。お嬢さん。私のお茶室で、新月摘みのお茶でもどう?」

夏芽「新月摘み?」

36 同・庭にある冬子の茶室(夕)

冬子、夏芽にお茶を淹れている。

冬子「植物の発育と、お月様は、とても深い関係があるの。このお茶の葉は、揖斐川町の春日っていうお茶畑で、新月の日に摘んだものだけなのよ」

夏芽「いただきます」

冬子「……」

夏芽「(飲んで)……おいしい」

冬子「さて。私が空を飛びたい理由、だったわね」

夏芽「はい」

冬子「あなた、ラブレターって、もらったことある?」

夏芽「え? あー、無いかも。LINEとかでなら何回かありますけど」

冬子「私はね、一回だけあるの。ちょっと変わったラブレター。見てみる?」

冬子、茶室の隅から、思い出の品ばかり入れてある箱を引っ張り出す。そして、その中から、一通の封筒を取り出す。
(冒頭で鷹野が冬子に手渡していた手紙である)

冬子「これ」

夏芽「見て、いいんですか?」

冬子「(微笑み)」

夏芽、封筒の中の手紙を出す。
それは、池田山の発射台と、そして下のランディング場の場所を書いた手書きの地図。
ランディング場のところに丸がしてあり、『ここで待ってて! ここから発射台も見えるから、俺が行く時は手を振って!』などと書かれている。

夏芽「?」

そして、2枚目には、自分が買ったハングライダーの絵もある。
遠くからでも彼のハングがわかるよう、特徴が書き込まれている。

夏芽「……」

冬子「私、ちゃんと行ったのよ? そこに行って、彼が空から降りてくるのを待ってた」

夏芽「……」

冬子「でも、会えなかったわ」

夏芽「え……」

冬子「……」

37 同・バラ園のビニール・ハウス(夕)

作業を手伝っている蒼太と正樹。

正樹「おれ、本当は勤務中なんだけど。兄貴と違って、れっきとした正社員なんだけど」

蒼太「(聞いてない)ばあちゃんも水臭いよな。夏芽ちゃんと二人っきりってなんだよ。俺だって、なんでばあちゃんがそこまで空にこだわるのか知りてえのに」

正樹「勝手に鮎料亭やめて、しかもそれを黙ってるようなやつには話したくないんだろ?」

蒼太「だから、それは今から話して謝るって」

正樹「それにしても、あれだな。夏芽ちゃん、大卒は意外だったなあ。それも、バイトして学費も自分で払って、で、四年の間にやりたいこと見つけて、ブレずにその道でしっかりプロになってる。大人だよなー。俺、マジで惚れちゃったかも」

蒼太「ちょ、ちょっと待てよ」

正樹「え? 兄貴はもう可能性無いんだから関係ないだろ?」

蒼太「それは、わかんないだろ?」

正樹「は?」

蒼太「未来のことは誰にもわかんないだろ!」

と、そこに夏芽、やってくる。

夏芽「何、言い争いしてんの?」

正樹「や、別に」

蒼太「うん。別に」

正樹「で、ばあちゃんと話して、どうだった?」

夏芽「うん。決めた。私、この計画に乗る」

蒼太 正樹「!」

夏芽「冬子さんのためのコロコロ・ハンググライダー、私が作るよ!」
(※挿入歌のイントロが始まる)

38 イオン各務原・タイムステーション・ネオ・前(日替わり)

設計図面を持って走っている夏芽。

39 同・オトナ・カフェ

夏芽が来る。蒼太と正樹が待っている。
ふたりに向かって、大きな紙に書いたハングライダーの設計図を広げる夏芽。

夏芽「どうだ!」

蒼太　正樹「格好いい！」
夏　芽「やった！　じゃあ、ここに書き出した材料、全部買ってきて！（と、別のメモ用紙を突き出す）」
蒼太　正樹「え？」

40 大垣共立銀行（日替わり）

中に入っていく蒼太。
窓口で残高照会を頼む。
行　員「残高、15円です」
蒼　太「え」

41 岐阜ダイハツ・オフィス

上　司「給料の前借り？」
正　樹「はい！……だめですか？」

42 工事現場（深夜）

歌いながら、肉体労働をしている正樹。
そして、他の労働者だち。
正　樹「（歌）ヤーレンソーラン　やると決めたら困難さえも味になるさGo」
他の労働者「Go! Uh! Ha!」
正　樹「（歌）ダメで元々無茶な事でも一度はやってみる方が吉」
他の労働者「吉！　Uh! Ha!」

43 とある集合ポスト（日替わり）

ロゴ入りのウインド・ブレーカーを着て、歌いながらフリーマガジンの投函のバイトをしている蒼太。
蒼　太「（歌）1％でもそれは0じゃない　無理と決め付けてくれるなよ」

と、突然、バックダンサーたちが出てくる。
蒼　太「（歌）踊れ円ヨレ円ヨレ縁よ　歌え円ヨレ円ヨレ縁よれGo」
バックダンサーたち「Go! Uh! Ha!」

44 歌＆ダンス

うなぎのたむろ前。
従業員と常連客の皆様による歌とダンス。
×××
イオン各務原・イハントスペース。
地元の皆様による歌とダンス。
×××
コロナ・シネマワールド。
従業員とお客様が、ポップコーンを手に歌とダンス。
×××
『ＯＫＢ農場ベリーズファーム池田』の前で、地元の皆様による歌とダンス。
※歌「1度きりの俺の人生　俺のものさ　金がなくたって　時間は持ってるんだ　そう　俺やったるぜぇ」

45 修理工場（日替わり）

岐阜ダイハツ社員の皆様による歌とダンス。
その中を、蒼太と正樹がハングの材料を奥へ運び込んで行く。
夏芽、溶接機器を手にして待っていて、ふたりを見て笑顔になる。
夏　芽「よし！　やるぞ！」
蒼太　正樹「オー！」

※歌「そうさきっと不可能なんてない　愛を乗せて飛べよグライダー　挑戦もしないで終われやしないんだ　まだ　まだ　まだ」

46 大垣のお堀で千人のダンス

※歌「そうさ　諦めてたまるかよ　きっと大丈夫だぜ　挑んだ　成功のスケッチ　失敗もステップ　今　今　今　飛び立つ時アッパレ！　夢パレード」
この歌とダンスに、ハンググライダーを制作している夏芽が何度もインサートされる。

47 修理工場・中（日替わり・夜）

コロコロ・ハンググライダーがほぼ完成している。
車椅子のタイヤの回転のスムースさを、ストップ・ウォッチで測り始める夏芽。
とそれを見ている正樹。
正　樹「なんか、こうやって夜ふたりきりで残業してるとさ。世界にはぼくらふたりしかいないんじゃないかって、急に思えてきたりしない？」
夏　芽「全然」
正　樹「……」
夏　芽「（回るタイヤを見ている）」
正　樹「ねえ、ひとつ聞いてもいいかな？」
夏　芽「何？」
正　樹「兄貴のこと、まだ怒ってる？」
夏　芽「別に」
正　樹「兄貴のこと、どう思ってる？」
夏　芽「質問は、ひとつじゃないの？」
正　樹「う」

夏　芽「キミのクソ兄貴のことは、クソ野郎と思っているけど、おばあちゃん思いの優しいやつだとも思ってる」
正　樹「まだ、好き？」
夏　芽「友だちくらいにはなってもいいけど、彼氏とかは百億円積まれても無理」
正　樹「そうなんだ」
夏　芽「そうなんです。あ、止まった。0分58秒か……やっぱりベアリング変えてみようかな」
夏芽、新しい作業へと移ろうとする。
正　樹「じゃあさ。おれだったら？」
夏　芽「は？」
正　樹「おれだったら、可能性ある？」
夏　芽「何の？」
正　樹「か、彼氏？」
夏　芽「は？」
正樹、勇気を出して、夏芽に迫る。
正　樹「夏芽ちゃん！」
夏　芽「……あのさあ。キミの好きなタイプって、ハーフ顔で、それでいて性格はぶりっ子カマトト系じゃなかったけ」
正　樹「（迫って）うん。そうだったけど、夏芽ちゃんが俺のばあちゃんのために汗流してくれる姿がめちゃ格好いいっーか、グッときたっつーか――」
夏　芽「それ以上近づいたらぶっ飛ばすよ？」
正　樹「（迫って）命がけで告白する価値があるっていうか――」
夏　芽「！」
夏芽にキスをしようとする正樹。
と、その瞬間、背後からドサッと物が落ちる音がする。
正　樹「！（振り返る）」
鈴木と落合・星野が立っている。
ドサッというのは星野が差し入れを落と

した音。

鈴木「グライダーの制作がラストスパートだって言うから、わざわざ差し入れ持って来たんだぞ？　なのにおまえ！　今、何しようとしてやがった！」

正樹「いえ、あの、その」

落合「おまえ、今、お嬢さんにキスしようとしてなかったか？」

星野「そりゃ、それなりの覚悟があってのことだろうなぁ！」

正樹「違います！　違います！　その……お嬢さんのここに虫が止まってて……」

夏芽「（肩をすくめて）……ヘタレ兄弟」

　夏芽、自分の仕事へ戻る。

48 岐阜駅前・実景

49 岐阜のがんセンター・診察室

　CT検査の画像を並べて、担当医の丸山祥子(45)が、冬子に病状の説明をしている。

冬子「やっぱり、化学療法ですか」

丸山「はい。手術は無理ですが、川越先生のおっしゃる通り、化学療法でしたら、ガンの増加を抑えられる可能性があります」

冬子「でも、それを本格的に始めると、副作用で日常生活に支障が出ますよね？　私、バラの世話もしなければなりませんし」

丸山「ですが、治療の効果次第では、余命が延びる可能性はありますよ？」

冬子「苦しい思いをするだけで、結局、寿命は変わらない、という可能性もありますよね？」

丸山「どういう結果になるか、それは誰にもわかりません。チャレンジするか、しないか、最終的に決めるのはあなたです」

冬子「……」

丸山「……」

冬子「……実は、もうすぐ青いバラが咲くんです。それまで、もう一度考えてもいいですか？」

丸山「もちろんです。あなたの人生ですから」

冬子「……」

50 柳ヶ瀬の道

　物思いにふけりながら街を歩いている冬子。

冬子「……」

　と、背後からクラクションの音。

冬子「？」

　振り返ると、酒屋の軽トラの運転席から、鷹野が手を振っている。（このカットは半世紀前）

鷹野「冬子ちゃん！　久しぶり！」

冬子「！」

51 鰻屋・中

　テーブルに座っている冬子、鷹野、そして若き日の冬子。

冬子「……」

　と、店員が来る。

店員「お待たせしました。備長炭でカリッと焼き上げました、当店自慢のひつまぶしでございます。最初はそのままで。次は、薬味のり、特選わさび、山椒で。そして最後はこちらのお出汁と一緒にお召し上がりください」

　店員、二人の前にひつまぶしを置いて去る。（過去）

冬子(16)「美味しそう！」

鷹野「ここのは最高に美味しいよ。さ、食べて食べて！」

冬子(16)「いただきます……（食べて）おいしい！」

鷹野「でしょ！　俺、ガキの頃は親の転勤で関東に住んでたんだけど、あっちはうなぎを蒸すんだよ。でも、俺は、こうやってじっくり焼いて、外はカリカリ中はフワフワっていうのが好きなんだ」

冬子(16)「わかる！　私もカリカリでフワフワが好き」

鷹野「ところで、高校、こっちなの？」

冬子(16)「ううん。今日は塾の申込みで」

鷹野「塾？」

冬子(16)「園芸ばっかりやってたら、けっこう成績落ちちゃって」

鷹野「ふうん。もったいないなー」

冬子(16)「え？」

鷹野「そこまで夢中になれるものが見つかってるのに、わざわざ違うことに時間を使うのってもったいないと思うんだ。学校って、夢中になれるものを探すために行くものであって、それがもう見つかってる人にはぶっちゃけ時間の無駄っていうか……偏ってるかな？」

冬子(16)「（笑いながら）はい。偏ってます」

鷹野「やっぱりそうか（と笑う）」

　楽しそうなふたりを見つめている現在の冬子。

　と、（現在の）店員がひつまぶしの御膳を運んでくる。

店員「お待たせしました。備長炭でカリッと焼き上げました、当店自慢のひつまぶしでございます」

冬子「……！」

　腹部を抑え、そのまま倒れてしまう冬子。

店員「だ、大丈夫ですか？　お客さま！　お客さま！」

冬子「……」

52 山麓・斜面

　夏芽が完成させた『ブルーヘブン号』の最終テストをしようとしている蒼太、正樹、夏芽、そして協力している佐藤。

　操縦席に座る蒼太。

蒼太「（緊張していて）」

佐藤「とにかく、余計なことは一切しないこと。ハンググライダーは何もしなければ自然と水平になるようにセッティングされてるから」

蒼太「（緊張していて）」

佐藤「（蒼太のヘルメットに貼ってある小型スピーカーを指差し）指示は、この無線から出すからね。右って言ったらここをこう。左って言ったらここをこう。いいね？」

蒼太「（緊張していて）」

正樹「兄貴。大丈夫だ。万が一死んだら、葬式は俺が仕切るから」

夏芽「ていうか、あんたは死んでもいいけど、この機体は壊さないでよね」

蒼太「夏芽ちゃん。もうちょっと優しい言葉は無いの？」

夏芽「無い」

佐藤「そして、ぼくが『高度落として』って言ったら、このバーを下にこう。いいね？」

蒼太「夏芽ちゃん。俺、夏芽ちゃんのために頑張るよ」

正樹「何言ってんだよ。ばあちゃんのためだろ？　ほら、さっさと覚悟を決めろ！」
蒼太「よし！　行くぞ!!」
と、蒼太の携帯電話が鳴る。
夏芽「ちょっと！　こういう時は携帯切っときなさいよ！」
正樹「弟としてマジで恥ずかしいよ」
蒼太「ごめんごめん。（携帯を見る）あ、ばあちゃんだ。（出る）もしもし……え？　ばあちゃんが倒れた？」
正樹　夏芽「！！！」

53 北揖斐総合病院・外観

そこにやってくる夏芽と正樹の車。

54 同・ロビー

蒼太・夏芽・正樹が入ってくる。
3人、ロビーの奥のソファに千秋と武史がいるのを見つける。
正樹「（駆け寄り）ばあちゃんは？」
千秋「（鼻をすすって）病室。川越先生と話してる」
蒼太「（ホッとして）なんだ。生きてんじゃん」
武史、蒼太の頭を叩いて、
武史「なんだとはなんだ！」
蒼太「だって、オヤジの声、めっちゃ暗いからてっきり――」
武史、蒼太の頭を叩いて、
武史「ばか！　明るく言えるような話か！」
千秋「（泣いて）……」
正樹「え？　なんで泣いてるの？　そんなに悪いの？」
千秋「このままだと、半年くらいだろうって……」
蒼太　夏芽　正樹「え？」

55 同・冬子の病室

川越（声）「冬子さん。入るよ？」
入ってくる川越。
が、ベッドは空で冬子はいない。
川越「！」

56 同・屋上

屋上から、池田山を見つめている冬子。
そこに、川越、来る。
川越「冬子さん」
冬子「あら、いらっしゃい」
川越「いらっしゃいじゃないよ。再発のこと、武史くんと千秋さんに話したからね。ふたりは、すぐにでも入院して、化学療法始めて欲しいって言ってたよ」
冬子「……おせっかい」
川越「いや、それは違うよ。おせっかいというのは、他人の人生にただ余計なお世話を焼くこと。でも、冬子さんが治療に前向きになってくれるかどうかは、ぼく自身の人生の一大事でもあるんだからね」
冬子「私の治療が、どうしてあなたの一大事なのよ」
川越「それはね……実はずっと、冬子さんにもう一度プロポーズをしたいって考えてるからなんだ」
冬子「え……」
川越「お互い、人生の第四コーナーを回りつつあるんだからね。どうだろう。最後の直線くらいは、ひとりじゃなくてふたりで走ってみるっていうのは」
冬子「（笑って）」
川越「ほら。そうやって、すぐに笑ってごまかそうとする」
冬子「ごまかそうなんて、そんな。嬉しいわ。昔、あなたとお見合いをして『ぜひ結婚しましょう』と言われた時よりも嬉しいわ」
川越「あの時は、あっさり振られたからね。今度は違う返事が欲しいな」
冬子「……」
川越「そして、少しでも長く一緒にいられるように、治療も、二人三脚で頑張りたい。頑張ってほしい」
冬子「……」
川越「……」
冬子「その返事、今年のブルーヘブンが咲くまで待ってもらってもいい？」
川越「ブルーヘブン？」
冬子「前に、あなたが言ったのよ？　やり残したこと、あるんじゃないかって。実は、あったの。ひとつだけ。私、今はそのことで頭がいっぱいなのよ」
川越「そのやり残したことと、ブルーヘブンと関係あるの？」
冬子「あるの」
川越「……」
冬子「とってもあるの」
川越「……」
冬子「でも、約束する。それを、無事にやれたら、私、治療のことも、あなたとのことも、ちゃんと考える」
川越「……」
冬子「（川越の手を握り）約束」
川越「……」
冬子「……あら？」
冬子が振り返ると、いつの間にか、蒼太・正樹・夏芽が来ている。
冬子「いらっしゃい」
蒼太「ばあちゃん……」
正樹「ばあちゃん……」
夏芽「（何か言いたげ）……」
冬子「どうしたの。みんなしてそんな顔して……」

57 鷺坂バラ園（夜）

また蕾のブルーヘブン。

58 冬子の部屋（夜）

二本のゴムバンドを使ってトレーニングをしている冬子。
冬子「（右手を斜め下に伸ばし）右旋回」
冬子「（左手を斜め下に伸ばし）左旋回」
冬子「（右手を斜め下に伸ばし）右旋回」
冬子「（左手を斜め下に伸ばし）左旋回」
と、蒼太がやってくる。
蒼太「ばあちゃん、安静にしてなきゃだめじゃん！」
冬子「（それには答えず）お父さんたちは？」
蒼太「まだ病院。川越先生と話してる」
冬子「……今年はちょっと遅くなりそうね。ブルーヘブン。いつもこの時期にはもう咲いているのに」
蒼太「ばあちゃん。おれ、何にも知らなくて……」
冬子「だって、誰にも話してなかったもの。（右手を斜め下に伸ばし）右旋回」
蒼太「俺、正直、迷ってる。入院して治療に専念して欲しい気もするし――ばあちゃんが空を飛ぶこと、応援したほうがいいのかどうか」
冬子「こう見えても、心の中では、みんなにごめんねって思ってるのよ？　そして、蒼ちゃんと正樹と夏芽さんの応援、本当に感謝してる。ありがとう」

蒼太「……」

冬子「でも、ブルーヘブンが咲いたら、私は空を飛ぶ」

蒼太「……」

冬子「蒼ちゃん。最後まで応援してね」

蒼太「……」

冬子「（左手を斜め下に伸ばし）左旋回」

蒼太「……」

蒼太N「——ブルーヘブンが咲いたら、空を飛ぶ。ばあちゃんの決意は固かった。それからもばあちゃんは体力強化に努め、おれたちはおれたちで、ばあちゃんのためのコロコロ・ハンググライダーのテストと改良を繰り返した」

59　揖斐川・川沿いの道（日替わり）

ベンチに老紳士が座り、川と空を眺めている。

老紳士「……」

と、そこに、スポーティなウエア姿の鷺坂冬子が、ウォーキングで通りかかる。

冬子、時々お腹を押さえて、休みながらもゆっくりと歩いていく。

老紳士「（会釈して）」

冬子「（会釈に応えて）」

※実際は老紳士の背後にいる別の通行人への会釈。

老紳士の前を通り過ぎていく冬子。

その冬子の後ろ姿をじっと見つめている老紳士。

老紳士「……」

と、道路脇に車が止まり、中から武史が降りてくる。

武史「母さん！」

冬子「あら」

武史「ひとりでウォーキングなんて、だめじゃないか！」

冬子「でも、少しでも体力つけとかなきゃ」

武史「……」

と、突然、武史、土下座をする。

冬子「⁉」

武史「母さん。一生に一度のおれの願いを聞いてくれ！」

冬子「武史？　どうしたの？　ちょっとやめてよ……」

武史「——明日から入院してほしいんだ！　や、入院って言っても、ほんの数日の検査入院だよ。岐阜のがんセンターで、急遽、空きが出たって連絡が来てね」

冬子「……」

武史「その検査を受けておくだけで、後々の治療スケジュールがけっこう前倒しできるらしいんだ。頼むよ」

冬子「でも、まだブルーヘブンが咲いてないのよ」

武史「母さん！」

冬子「……」

武史「確かに、母さんの体は母さんのものだし、母さんの人生も母さんのものだ。母さんには母さんの考えがあることはわかっている。でも、おれにとって一番大事なことは、母さんが一日でも長く生きていてくれることなんだ！」

冬子「……」

武史「鷺坂バラ園に就職して……母さんに養子にしてもらって……結婚だって職場結婚で……まあ、結婚自体はダメになっちゃったけど、でも、健康な息子がふたりも出来て……俺の幸せは、全部全部母さんからもらったようなものなんだよ。なのに、ろくに親孝行も出来てない今、母さんに病気で逝かれたりしたら、本当に本当に俺は困るんだよ。だから、どうかお願いします。ほんの数日、数日だけ、検査入院、お願いします！」

冬子「……」

老紳士「……（冬子と武史を見ていて）……」

冬子「……」

60　鷺坂バラ園

冬子、バラを見て回っている。

冬子「……」

と、そこに、蒼太が来る。

蒼太「聞いたよ。明日、入院するんだって？」

冬子「土下座までされちゃったんだもん。それに、検査だけなら、体力もそんなに落ちないと思ったから」

蒼太「ばあちゃん。おれ、正直ほっとしてるんだ」

冬子「なんで？」

蒼太「俺だって、ばあちゃんには長生きしてほしいし、テストすればするほど、空を飛ぶのって危険だなって思うし」

冬子、とあるバラの蕾に目が留まる。

冬子「蒼ちゃん！　この子、明日の朝には咲くわ！」

蒼太「え？」

冬子「こういうの、運命っていうんじゃないかしら？」

蒼太「え？　明日は検査入院でしょ？」

冬子「（蒼太を抱きしめ）夢、叶えるわよ！」

蒼太「え……」

61　日の出の実景（日替わり・朝）

62　鷺坂家・冬子の部屋（朝）

時計が八時をさしている。

円花（声）「冬子さん、お時間ですよ」

誰も返事しない。

円花（声）「冬子さん、社長が車で待ってますので——」

誰も返事しない。

円花（声）「冬子さん？　失礼します——」

障子を開ける円花。

と、部屋には誰もおらず、ただ置き手紙があるだけ。

円花「え……」

それを読み、慌てて部屋から出ていく円花。

円花「社長！　社長！　冬子さんがーーーー！！！」

冬子（声）「（手紙の文面）蒼太とちょーっと寄り道してから、病院に向かいます。心配しないでね。冬子」

63　池田山・山頂近くの公園（朝）

正樹と夏芽がコロコロ・ハンググライダーを組み立てている。

と、そこにやってくる冬子の軽自動車。

運転しているのは冬子で、助手席に蒼太。

車を止めて、外に出る二人。

ウォーキング・ウエアに肘膝サポーター・ヘルメットの冬子。そして、手には一輪の青いバラ。

夏芽「おはようございます！　晴れてよかったですね！」

正樹「ばあちゃん。体調は大丈夫？」
冬子「絶好調よ」
冬子、みんなにペコリと頭を下げて、
冬子「みなさん、ここまでありがとう。どうぞよろしくおねがいします」
一同「（頷いて）」
と、近くに置いてある無線から佐藤の声がする。
佐藤（声）「皆さん、聞こえますか？　もう一度、組み立てたハンググライダーのチェックをお願いします！」

64 ランディング・ポイント

揖斐川の河原にあるランディング・ポイント。
佐藤が山頂と無線で話をしている。
そこから少し離れたところで、セイフティネットと格闘している男たちがいる。
鈴木・星野・落合だ。
鈴木「ほら、そっちちゃんと持てよ！」
星野「うっす」
落合「あの、ネットは四角ですが、おれたちは三人です」
鈴木「だから、どうした？」
落合「三人で角を持つとなると、角がひとつ余ります」
四角の一つの角がだらりと下がっている。
鈴木「じゃあ、杭で固定するか？」
星野「あの、それじゃ移動できないっす！」
落合「着地に合わせて移動しないと！」
鈴木「くそ。ひとりどこかで拉致してくればよかったな」
星野「一般ピーポーの拉致はだめっす」
と、向こうから車が一台走ってくる。
鈴木「……仕方ない。あの車の方を拉致——じゃない、お手伝いいただこうか」
ワゴン車めがけて走っていく鈴木たち。
その進行方向を塞いでしまう。
星野　落合「うっす！」
武史「ちょっと。危ないじゃないですか！」
鈴木「すみません。ちょっと緊急事態で人手が必要なんです。どなたかおひとり、手を貸してくださいませんか？」
千秋「私たち、急いでるんです！」
鈴木「そこをなんとか！」
武史「本当に急いでいるんだ。どいてくれ！」
鈴木「たったひとりだけ、手を貸してくれればいいんです」
川越「人の命が関わっているんだ！」
鈴木「こっちも人の命が関わってるんだ！」
と、鈴木の携帯が鳴る。
夏芽からだ。
鈴木「（電話に出て）もしもし？　あー、うん。それはこっちに任せとけ。とりあえず、あとひとりいてくれれば大丈夫だ」
鈴木、電話を切ってしまう。

65 池田山・山頂近くの公園

夏芽「え？」

66 ランディング・ポイント

鈴木「娘からでしてね。これから娘手作りのコロコロ車輪付きハンググライダーで、おばあちゃんが空を飛ぶんですよ」
武史　千秋　川越　円花「！」

67 池田山・山頂近くの公園・フライトポイント

コロコロ・ハンググライダーに乗った冬子が、フライトポイントに移動している。
冬子「……」
蒼太「（緊張）」
正樹「（緊張）」
夏芽「（緊張）」
冬子のヘルメットに装着したスピーカから佐藤の声が聴こえてくる。
佐藤（声）「鷺坂さん、聞こえますか？」
冬子「はい」
佐藤（声）「では、鷺坂さんのタイミングで離陸してください」
冬子が3人を振り返る。
冬子「遺言のつもりじゃないけど、でも、空を飛ぶって何があるかわからないことだから、先に言いたいことを言っておくわね」
三人「え？」
冬子「夏芽さん。素敵なハンググライダーをありがとう」
夏芽「！」
冬子「正樹。あなたも、おばあちゃんのために、たくさん頑張ってくれてありがとう」
正樹「！」
冬子「それから蒼太。あなたには一つだけ謝らなきゃいけないことがあるの」
蒼太「え？　何？」
冬子「武史と千秋さんから、あなたが生まれた時、名付け親になってくれって言われてね。それで、ついつい、私、初恋の彼の名前を付けちゃったの」
蒼太「え？」
正樹「蒼太って、そういう名前なの？」
蒼太「ばあちゃんの、初恋？」
冬子「ごめんね。いつか謝らなきゃって思ってたの。でも、あなたはあなたで、ちゃんと素敵な男の子に育ってくれて、おばあちゃん、とっても嬉しいわ。ありがとね」
蒼太「ばあちゃん……実はおれもばあちゃんに謝らなきゃ……」
冬子「鮎料亭のことなら、別に気にしてないわよ」
蒼太「え？　知ってたの？」
冬子「うん。あなたが辞めたその日に、女将さんから連絡があったから」
蒼太「なんだよ。知ってたのかよ～」
正樹「ねえねえ。おれは？　おれの名前は？　俺のは誰の名前から付けたの？」
冬子「あー。あなたは、武史が、よく当たるって評判の占い師さんに頼んで付けてもらってた」
正樹「え……そっちの方が凹むんだけど」

68 ランディング・ポイント

武史と鈴木がつかみ合いの喧嘩をしている。
それを周囲の人間が、必死に引き剥がす。
武史「訴えてやるからな！　母さんに万が一のことがあったら、あんたら全員訴えてやる！」
鈴木「おーおー。好きなだけ訴えろ！　でもな、あんたの母さんの幸せを本当に考えてるのはどっちだろうな。あんたの母さんが死ぬ時、心から『ありがとう』って言ってもらえるのはどっちだろうな？」
武史「！」

鈴木「俺のカミさんは五年前にがんで死んでね、死に際に、娘呼びつけてこう言ったよ。『やりたいことは絶対に先送りにしちゃだめよ。人間、いつ死ぬかわからないんだから、とにかくやりたいことから先にやりなさい』って」

武史「……」

鈴木「俺はてめえのカミさんを世界でいちばんの女だと思ってるし、カミさんのアドバイス通りに生きてるてめえの娘を世界でいちばんの娘だと思ってる。その娘が、世界でいちばん尊敬してるって言うのが、あんたのとこのばあちゃんだ。なら、そのばあちゃんの気持ちをとことん汲んであげようっていうのが俺らの役割なんじゃないか？」

武史「ふざけるな！　母さんはステージ4のがん患者なんだぞ！　入院して治療しなければ、余命半年なんだぞ！　空なんか飛べるわけないだろ！」

鈴木「それでも！　あの人の人生はあの人のものだ！　あんたのものじゃない！」

川越「……」

と、佐藤が持っている無線機から夏芽の声が入る。

夏芽（声）「『ブルーヘブン号』離陸します」

佐藤、一同を振り返り、

佐藤「で、どうされますか？　やめるなら今ですが」

武史「！」

千秋「……もう、やるしかないでしょ」

武史「……」

千秋「私、覚悟を決めたわ。病気のことも何もかも、全部わかった上でお母さんが選んだことだもん。こうなったら、とにかく協力して無事を祈りましょう」

武史「でも……」

円花「私も千秋さんに一票」

武史「……」

鈴木「いざとなると、女のほうが肝が据わってるもんだ。ほら、あんたも男なら、全力で大事な人の人生支えるんだよ！」

武史「……」

と、川越が、セーフティ・ネットのところに移動する。

川越「（星野と落合に）で、ぼくはどこを持てばいいのかな？」

69　池田山・山頂近くの公園・フライトポイント

冬子のコロコロ・ハンググライダーを支える、蒼太と正樹。

そして見守っている夏芽。

蒼太「ばあちゃん。グッドラック」

正樹「グッドラック」

蒼太と正樹が、コロコロ・ハンググライダーを押す。

ハンググライダー、斜面を駆け下りていく。

そして、そのまま大空へ。

夏芽「（飛んだ！）」

蒼太　正樹「（飛んだ！）」

冬子「（飛んだ！）」

70　大空

ひとり、大空を飛んでいる冬子。

冬子「！　！　！」

×××

（フラッシュインサート）

鷹野蒼太との川原での出会い。

膝小僧に絆創膏を貼ってもらう。

×××

（フラッシュインサート）

図書館での鷹野との再会。

鷹野「俺、青が好きだからさ。川の水って青いでしょ。海も青いでしょ。そして、空はとことん青いでしょ。世界はさ、美しい青で出来てるって思うんだ」

×××

（フラッシュインサート）

池田山の見える道で、冬子に手紙を差し出している鷹野。

鷹野「俺、ついに買ったんだ。自分のハング・グライダー。名前も付けた」

冬子「え？」

鷹野「今週末、あの山から飛ぶから、見に来てよ。これ、その地図」

冬子「え？」

鷹野「絶対な。待ってるから。じゃ」

×××

冬子、腕に括りつけていたバラを外す。

青いバラ。ブルーヘブン。

冬子、それを青い空に向かって突き出す。

冬子「蒼太くん。見て。ブルーヘブンっていうの。青いバラだよ。私、青いバラを作ったよ！」

71　とある通夜会場（回想・夜・雨）

そこに、ひとり、走ってくる冬子。

飾られている鷹野の遺影。

それを見つめ、雨に濡れたまま、呆然と立ち尽くす冬子。

冬子「……」

72　大空

冬子「蒼太くん……蒼太くん！！」

73　某所（異空間）

と、突然、世界は別空間へ。

橋の片側に冬子。

橋のもう片側に老紳士が立っている。

優しく微笑む老紳士。

老紳士「よくきたね」

冬子「……」

老紳士「どう？　大空を、ひとりで飛んだ感じは」

冬子「とっても気持ちいいわ」

老紳士「でしょう？　すごく嬉しいよ」

冬子「私の青いバラはどうだった？」

老紳士「うん。とっても美しいね。世界で初めての青いバラでしょう？　ぼくは、すごく君のことが誇らしいよ」

冬子「……」

老紳士「このまま、こっちに来る？」

冬子「そうねえ」

老紳士「……」

冬子「あなたと、一緒に大空をゆくのもとても素敵だとは思うけど、私、こっちでもいろいろと約束があるのよ」

老紳士「……」

冬子「だから、今すぐは難しいかな」

老紳士「（微笑んで）いいさ。何十年も待ってたんだ。あと少しくらい余裕で待てるよ」

老紳士、鷹野になる。

鷹野「治療、頑張って。冬ちゃんなら大丈夫。青いバラだって作れたんだ。病気にも絶対勝てるよ」

冬　子「鷹野くん。ありがとう！」

74　ランディング・ポイント

セイフティネットを広げ、空を見上げている鈴木・武史・千秋・円花・川越・落合・星野。
そこに蒼太たちもやってくる。
蒼　太「ばあちゃん、どう?」
円　花「あそこよ！　だいぶ、大きくなってきた！」
一　同「！」
と、佐藤が無線で指示を出す。
佐　藤「(無線で)冬子さん。少し右にずれてます」
武　史「ずれてるって……」
鈴　木「おい、大丈夫なのか?」
千　秋「素人は黙って！」
佐　藤「(無線で)ゆっくり重心を左側にかけて、こちらがストップというまで旋回してください」
一　同「(心配して)……」
大空の冬子のハンググライダーが、ゆっくりと旋回する。
佐　藤「(無線で)いいですよ。その調子」
鈴　木「いいか。オーバースピードで来たら、ネットを立てて手前でこう。逆に失速しそうなら、真下に回って水平にこう！」
落合　星野　川越「おう！」
正　樹「あれ、ちょっと旋回しすぎじゃない?」
佐　藤「(無線で)冬子さん。ちょっと旋回が早いです。もう少しゆっくり！」
一　同「……」
佐　藤「(無線で)冬子さん。高度下げて行きます。少しだけ両手でバーを押してください」
冬子(声)「腕、ちょっと疲れちゃったかも」
一　同「え?」
夏　芽「高度、あんまり下がってないような……」
蒼　太「ばあちゃん……」
ぐんぐんと近づいてくる冬子のハンググライダー。
そのまま、全員の頭上を通過していく。
一　同「！」
蒼太　正樹「ばあちゃん！！」

×××

冬子のハンググライダー、はるか遠方で着陸態勢に。

そのまま着陸するハンググライダー。

降りた後も、慣性の力でそのまま延々と走っていく。
一　同「(固唾を飲んで見つめていて)」
やがて、じわじわとゆっくり減速し、やがて、ハング、止まる。
一　同「(固唾を飲んで見つめていて)」
ゆっくりと機体から降りてくる冬子。

今、自分が来た方角を振り返る。

そして、みんなに笑顔で手を振る。

冬　子「(最高の笑顔で)」
一　同「！」
その瞬間、蒼太が、正樹が、夏芽が、武史が、千秋が、円花が、佐藤が、鈴木が、星野と落合が、そして川越が、全力で冬子に向って走り出す。

冬　子「……」

冬子、彼らに笑顔で大きく手を振り続ける。

やがて、その笑顔がストップ・モーションになり……

エンド・ロール

75　鷺坂バラ園

バラ園の畑で、蕾だったブルーヘブンが咲く。

(終わり)

原　作　秦　建日子著
『ブルーヘブンを君に』(河出文庫)

脚　本　秦　建日子
小林　昌

撮　影　大内　泰
照　明　宗　賢次郎
録　音　石貝　洋
美　術　野々垣　聡
装　飾　中山まこと
スタイリスト　井手珠美
ヘアメイク　田崎ちひろ
ヘアメイク　及川英子
編　集　西尾光男
音　楽　Jirafa
サウンドエディター　花谷伸也
ミュージックエディター　久本幸奈
DIカラーリスト　佐竹宗一
オンライン編集　佃　脩平
記　録　稲葉明子
制作担当　竹田和史
助監督　北川博康

監督助手　新谷和弥人　箕輪博之
撮影助手　山本翔太　水上　春
照明助手　後閑健太　高原博紀　藤井光咲
録音助手　阿部　裕　渡辺直人
小道具　山内栄子
スタイリスト助手　大山瑠梨花
ヘアメイク助手　源田稚奈
制作主任　市川智徳
制作進行　後藤大地
アシスタントプロデューサー　宮崎美紀
編集助手　丸山友生
オンライン編集アシスタント　原田莉奈
DCPマスタリング　馬場　亮　小関秀治
ラボ営業　江田佳賢
ラボコーディネーター　與野勝弘
フォーリーアーティスト　田久保貴昭　山川史男
ダンス指導　NARUMI(マコトダンスカンパニー)
ハンググライダー指導　鈴木博司　後藤正幸
スチール　池田岳史
メイキング　後藤かずま
制作デスク　中里麻衣子
宣伝プロデューサー　福田大輔
宣　伝　梅原もも子
パブリシティ　山下幸洋　橋本宏美　弘瀬久美子
山本光星　小柳裕希　貝塚千恵
ポスターデザイン　松田政門
予告編制作　洲濱久禎
劇場営業　金子　仁　井上由一
クリエーティブ・プランナー　金　錫源
プロモーション・ディレクター　古市欣也
企画サポート　井上竜生　菊池華蓮
クラウドファンディング・ディレクション　木下　元
公式ガイドブック　田中朋博　上総毬椰
アカウントサポート　池田達哉
ティザーデザイン　波岡浩太

主題歌
「愛は花、君はその種子」
由紀さおり
作詞：Amanda McBroom／訳詞：高畑 勲
作曲：Amanda McBroom
編曲：亀田 誠治

挿入歌
「アッパレ! 夢パレード」
BOYS AND MEN 誠
作詞：17/miyakei
作曲：17/大智/児山 啓介
編曲：児山 啓介

後　援
岐阜県

特別協力
池田町　揖斐川町　大野町　大垣市

由紀さおり

小林　豊(BOYS AND MEN)

柳　ゆり菜

本田剛文(BOYS AND MEN)

おかやまはじめ

岩橋道子

柊　瑠美

鈴木信二

関口アナン

松嶋亮太

寺泉　憲

小池里奈

中田圭祐

田村侑久(BOYS AND MEN)<友情出演>

里々佳
築山万有美
桃月なしこ
小西麗菜
浦口史帆(東海テレビ放送アナウンサー)
今枝　桜
佐々木千悝
永遠(BOYS AND MEN研究生名古屋)
坂中　楓
横島亜衿
伊藤千咲美
滝　佳保子
藤澤雅義
梶川文菜
灰田礼海
山内麻由佳
根岸美奈
山田佳穂
伊縫文哉
平山結捺

大和田　獏

寺脇康文

製　作　上條典夫
谷口誠治
後藤一俊
飯田義典
野儀健太郎

エグゼクティブプロデューサー　中西康浩
山口　貢
竹田太郎
大島　斉
伊神　悟

プロデューサー　内海直大
中村武史
石塚清和
アソシエイトプロデューサー　村田　徹

特別協賛

DAIHATSU 岐阜ダイハツ販売

協　賛

アピ株式会社

岐阜鰻 たむろ

OKB
大垣共立銀行

リラシード

KAWAMOTO ROSE GARDEN

イオンモール株式会社

株式会社アートアベニュー　奥長良名水株式会社　株式会社茨木金属商会

株式会社ヤマダヤ　BARNS soho street　タイムステーションNEO
ホワイトラビット　岐阜清流病院
株式会社リアルGLOBAL　株式会社シルバースタージャパン
いび川農業協同組合　那須高原GREEN&CAFÉ CoppiceGARDEN
タイヤショップ早野　株式会社花ごころ　西濃建設株式会社　株式会社山辰組
グループホームぬくもりの家　大野町バラ苗生産組合　めん喰い屋　岐阜大学
林義行　河本弘元　つみつみいちごファーム　児島満里子　山内みほり
柳瀬千代美　株式会社揖斐菓匠庵みわ屋　アコギな酒場ねじれ
ヘアーディレクションeAs　レザーファッション清水　すし吉
おでん処かなめ　伊藤配管工業株式会社　専修大学大友ゼミ
えっちゃん　中根重男　中根由和

ふるさと企画 支援

株式会社フードストック
株式会社安藤大理石名古屋

「ブルーヘブンを君に」製作委員会

電　通　新井秀夫　髙橋邦之　森内勇策
東海テレビ放送　田中健一郎　神辺康弘
フォーチュンエンターテイメント　長岡由美香
フォワードインターナショナル　伊藤寿恵
中　広　佐藤昌平　岡本　舞
サンデーフォークプロモーション　市川裕也
中日新聞社　磯部　真　岩渕正剛　仲家祐未
フェローズ　米村元規　田原裕登志　久野麻利央

製作協力　株式会社電通 中部支社
株式会社電通ミュージック・アンド・エンタテインメント
株式会社電通名鉄コミュニケーションズ

制作プロダクション　ファインエンターテイメント

配　給　ブロードメディア

監　督　秦　建日子

協　力

産経新聞社　IMAGICA　東映ラボ・テック　日活調布撮影所　日音　ユニバーサルミュージック
三和　APEX　TOKKY'S　日映装飾美術　アックス　養老鉄道　専門学校 名古屋ビジュアルアーツ
イオンモール各務原　イオンモール大垣　イオンタウン大垣　大垣市スイトピアセンター

衣装協力

株式会社ヤマダヤ　Right-on　タイムステーションNEO

Special Thanks

岐阜タカシマヤ　花嫁衣裳おぐら　株式会社森本工房　杉原酒造株式会社
お食事桜坂　株式会社ビームズ　池田温泉　湯華の郷　FamilyMart揖斐清水店
サンローヤル　揖斐川丘苑　ハセガワ企画　ブルースカフェ
タキイ種苗株式会社　大野町スタッフ弁当の会　大垣ミナモソフトボールクラブ
清水雄二　岸田哲哉
鈴木樹子　中村真弓　今村悦子　佐藤己代治
中澤実仟盛　松本静郎　山本翔陽　三嶋宏　中村健二　山本成辰　吉川大
久保野純也　松岡ひとみ　灰田礼海　やながせゆっこ　岡部明日実　野網義一
楠和子　長屋祥子　若原多津子　国枝芳子　中川文子　小里博子　平山結捺
小塚貴哉　甲地正幸　角之倉一宏　野呂裕樹　前田真一
映画部のみなさん
河本純子

ロケ協力

イオンモール各務原　JAいび川オートパルセンター　池田町上八幡集落センター
池田山山麓道路小寺　池田山着陸場　池田山発進場　池田山パラグライダースクール練習場
花の木珈琲店　揖斐川岡島橋両岸　揖斐川町養老鉄道揖斐駅　揖斐川町北方四区
揖斐川丘苑　大野町河川敷グライダー滑空場　グリーンホテル小松家　小森養蜂
大野町中央公民館　大野町豊木多目農業構造センター　株式会社サン・シング東海
梅田昭守　永井義秋　鈴木博司　大垣城サルーン　大垣市藤江町県営住宅
大垣市図書館　大垣市四季の広場　柳ケ瀬商店街　丸桂美濃乃蔵　西濃建設株式会社

支　援

地方創生ムービー2.0で岐阜を元気にする会
大垣フィルムコミッション

クラウドファンディング（第一弾）

峰子　田中尚典　中村隆志　toshiko　本庄義治　河村永遠　松波春樹
自称 地方創生ムービー宣伝部長24　村上重樹　近藤弥生　吉田早織　モッコメリアン
エヴァおじさん　かなもりニノ　ぱやーる　やまみつ58　浜名湖パラグライダースクール
堀貞子　岡部明日実　宮川広行　えっちゃん　Jirafa　野波里帆　服部いく子
村瀬貴則　中西樹希&陽菜　ソウマ・タツヤ　るー、　眞紀　ひでマロン　松井知恵　林八重美
上原誠二　岸初恵　かず（ちさみとちゆ激推し）　dai ohtsu　清水律子　坂律子　清水雄二
飛田峰子　泉美　市橋真末子　市橋真由子　上田浩司　東川由起子　渡邊道子　松永康広
渡邊傑　浜岡航平　大井堅次税理士事務所　うなぎぱいのひろみちゃん　西村匡由　梅崎健太
渡辺麻央　BOOK&BAR SPIN　きよちゃん　真由美　小川京子　安野竜平　ごとうなおこ
さとこ　ゆり　矢島温子　伴智子　中山明美　井上友美　あいのママ　Junko.M　林大介
池部直美　永田あき子　加藤奈美江　小野陽子　Rie.K　taro&mick&malo&tack
美容室 le lien　こぎまま ちんく　サンローヤル　株式会社森本工房　やわたのひとみちゃん
花嫁衣裳おぐら　weihai-p　山村涼　日下部恵美　菅野ゆきな　大坂秀美　Remi　佐波洋子
西野靖浩　安田優子　酒井好美　村田佐奈恵　小林まこ　アリサインワンダーランド　鈴木茉里奈
牛田ユミ　牧佐和子　えりこ　みずな　ちゃぼぼ園　へな楽 松久佳代　後藤由美　I-SPACE
今津良二　美濃のまほろば　植村英一　如月れいな　阿部真紀　moco　大畑優稀　岩西良子
テツ兄　はるりるり　まゆちゃむ　匿名を希望します　志乃舞　茉乃花　ホシ子　みき　加藤実
川村裕子　Dream Power実行委員会　KANNA　松田英香　平尾利充　橋口舞
アクアクララ中京株式会社　hang glider pro shop ZOOM　西本実央　小峯直之
Junichi Takai　木村真里　imomo　大島亜希子　中村由美子　Pitopochi　本田一派
神長芳幸　あっち339　あら　竹本秀美
中村隆志　猪瀬美緒　西澤知美　ゆうあ　石田麻美

クラウドファンディング（中日新聞クラウドファンディング「夢チューブ」）

伊藤道之　神田圭子　西学　秦明子　三浦理恵　水谷直実　伊藤ひとみ　中根悦子
鈴木由路　野田千晴　吉田千佳　加藤久恵　清水秀明　黒田末記　舟井美香子
鍜治紀子　尾関満　浦野忍花　内藤マリナ　大島孝子　加藤奈美江　里春希
福冨奈津子　小林せつ子　木下真麻　濱口琴音　徳永雅子　藤井隆　五十嵐優子
三宅公光子　岩塚真之　大野昭子　中村春菜　柿田恵理　石井知子　前田あゆ美
井戸雅和　山田実千代　赤坂瞳　木沢麻由子　柴田佳奈　小倉康宏　村瀬千津香

クラウドファンディング（1000人ダンスサポーター）

渡辺均　森愛花　永田あき子　木全みゆき　石田理沙　浜岡航平　伴智子　西学　小林まこ
REIKO　みゆみゆ　えりこす　すこ　中山明美　川崎聡子　伊藤茉乃花　Rie.K　CHIE
m.chum　小縣英雄　佐藤一絆　まほろば　西学　猿渡菜都美　株式会社ヌベール
泉尾心翔　永田あき子　桑田渚沙　伊藤由美子　伊藤ひとみ　中西蘭　中西杏里

映倫
EIRIN
122080

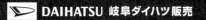

ブルーヘブンを君に
撮影にご協力いただいたみなさま

エキストラや炊き出し準備など
「ブルーヘブンを君に」の撮影にご協力くださったみなさま

JAいび川
オートパル池田

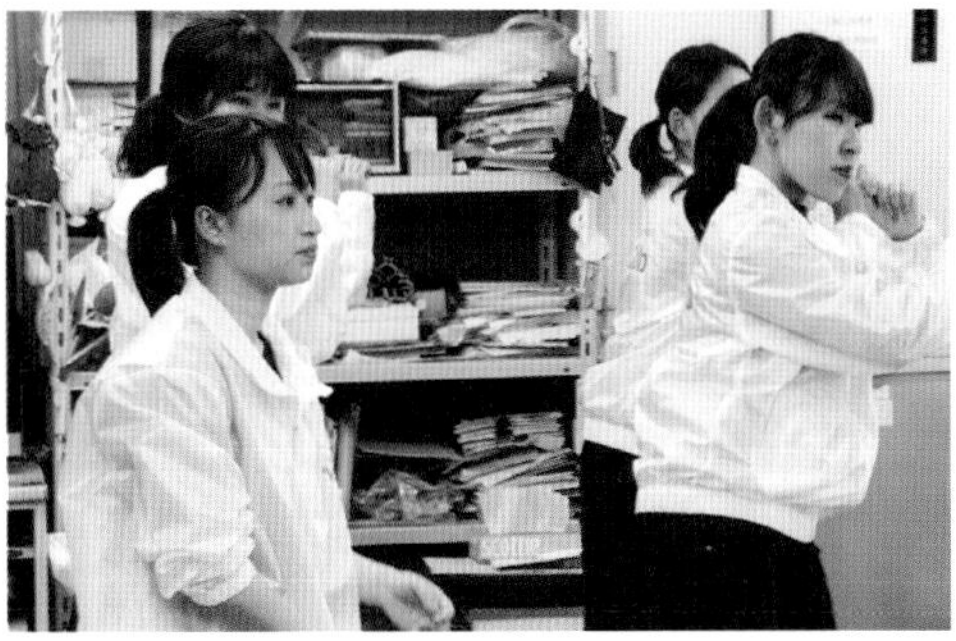

SECURITE

総合受付
受付
会計
時間外受付
エレベーター

天皇皇后両陛下
幸啓記念碑

DAIHATSU
DAIHATSU
Boon

USA
09

ALWAYS
REPIPI

DAIHATSU

Special Thanks